Humor ist eine ernste Sache

Flüsterwitze und schwarzer Humor
in der Sowjetunion und im Danach-Rußland

PAUL ROTH

Paul Roth

HUMOR IST EINE ERNSTE SACHE

Flüsterwitze und schwarzer Humor
in der Sowjetunion und im Danach-Rußland

ibidem-Verlag
Stuttgart

Bibliografische Information Der Deutschen Bibliothek

Die Deutsche Bibliothek verzeichnet diese Publikation in der Deutschen Nationalbibliografie; detaillierte bibliografische Daten sind im Internet über <http://dnb.ddb.de> abrufbar.

∞

Gedruckt auf alterungsbeständigem, säurefreien Papier
Printed on acid-free paper

ISBN: 3-89821-418-4

Printed in Germany

INHALTSVERZEICHNIS

Vorwort

Dieses Buch versucht, die Geschichte der Sowjetunion und des Danach-Rußland durch eine Sammlung von Flüsterwitzen, Anekdoten, Gerüchten, Tschastuschkis zu skizzieren. Der Titel "Flüsterwitz" allein wäre nicht korrekt gewesen, denn es handelt sich um eine Sammlung und die Flüsterwitze verschwanden seit 1990. Unter Witz versteht der Fachmann eine durch mündliche Überlieferung entstandene Kurzerzählung, die in scheinbar beabsichtigter Komik blitzartig Werte oder Zustände in Frage stellt. Eine Anekdote ist eine mündliche Überlieferung zur Kennzeichnung einer bekannten Persönlichkeit, sie erhebt nicht den Anspruch historisch verbürgt zu sein. Eine Tschastuschka ist ein volkstümliches Liedchen aus zwei bis vier Zellen. Unter Humor versteht man bei uns eine heitere Gelassenheit gegenüber Unzulänglichkeiten von Welt und Menschen. "Schwarzer Humor" hingegen drückt Ablehnung, Angst, Widerwillen oder sogar Hass aus. Die Grenze zum "Galgenhumor" ist oft nur schwer zu ziehen, Ein russischer Autor hat den "Schwarzen Humor" als "Russische Folklore" bezeichnet. Der "Schwarze Humor" blüht bis heute im Danach-Rußland. Es stimmt auch nicht, daß der politische Witz nach 1990 verschwunden ist.
In der vorliegenden Sammlung richtet sich der Blick auf politische, gesellschaftliche und wirtschaftliche Zustände. Weite Bereiche, wie z.B. der erotische Witz, wurden nur gestreift. Der ehemalige sowjetische Journalist E. Sevela, der heute in den USA lebt, schreibt: "In der zeitgenössischen Anekdote, und nur in ihr, spiegelt sich die gesamte Weisheit unseres Volkes, frei ausgedrückt, ohne Zensur. Glaubt ihr, daß die Historiker, wenn sie eines Tages unser Leben zu erforschen suchen, in der Literatur des sozialistischen Realismus nachlesen werden? Nie und nimmer. Sie werden Witze ausgraben und nach ihnen ein lebenswahres Bild unserer Epoche rekonstruieren, ein Bild von Fleisch und Blut und bitterstem Humor."[1]

Die Historiker haben das nicht getan. Hier wird es versucht. Jeder, der sich mit schwarzem Humor befaßt, fragt sich: "Wer hat das ausgedacht oder erzählt? "Die Erfinder und Ersterzähler sind fast immer unbekannt. Zweifellos sind es zumeist Intellektuelle aus der Bevölkerung. Darunter waren in der Sowjetunion sicherlich viele Journalisten, - wie immer wieder behauptet wird. Unter den Dissidenten wird man sie kaum finden. Die Menschenrechtsgruppen mit ihrem elitären Anspruch äußerten sich im Samisdat. Unter den Tschastuschkis fällt auf, daß die allermeisten regimetreu waren. Man darf annehmen, daß sie im offiziellen Auftrag gereimt worden sind. Das Buch beginnt mit einigen Kapiteln, die mehr oder weniger als Einführung gedacht sind und nicht nur eine Etappe der Sowjetzeit betreffen. Dazu gehören auch einige eigene Erlebnisse, die ich im Laufe meines Lebens in der Sowjetunion und im Danach-Rußland gehabt habe. Dann erst habe ich versucht, die Einzelteile in die historischen Entwicklungsabschnitte einzuordnen. Dabei können mir Fehler unterlaufen sein. Denn es gab "Dauerbrenner", die über viele Jahrzehnte hin - mit jeweils wechselnden Namen – erzählt wurden. Auch ist es oft kaum möglich, den schwarzen Humor aus der Vergangenheit von dem der rückblickenden Vergangenheitsaufarbeitung zu unterscheiden.

Paul Roth.

Hinweis: Die Witze, Anekdoten, Tschastuschkis, Gerüchte sind in **fett** gedruckt.

Ein paar Erinnerungen

1935 lebte meine Familie in Odessa. Nach der Ermordung des Parteisekretärs Kirow begann die "Säuberung", die 1937 und 1938 einen blutigen Höhepunkt erreichte. Nachts fuhren damals in Odessa die schwarzgestrichenen Gefängniswagen der Geheimpolizei durch die Stadt (im Volksmund "Schwarzer Rabe" genannt), die Opfer wurden aus den Betten geholt. Jeder hatte ein Bündel unter dem Bett, falls er verhaftet werden sollte.

In einer Gemeinschaftswohnung, in der zahlreiche Familien zusammengedrängt lebten, wird auf einer Etage heftig an die Tür geschlagen. Alle erheben sich angsterfüllt aus den Betten, keiner wagt zu öffnen. Erneut wird an die Tür geschlagen. Man hört die Stimme des Hausmeisters: "Genossen, macht auf, ihr braucht keine Angst zu haben. Das Haus brennt nur!"

Einige Jahrzehnte später - zur Zeit Chruschtschows - besserte sich etwas. Die "schwarzen Raben" waren nun mit anderen Farben bemalt und mit großen Buchstaben stand auf ihnen "Brot".

In den Jahren nach dem Krieg mußte ich hinter Stacheldraht in einem mittelasiatischen Verbannungsgebiet leben. Die einen lebten im Lager, die anderen wurden als "Freie" bezeichnet. Doch durfte niemand das Gebiet ohne besondere Genehmigung verlassen.

Jedes Lager hatte einen Offizier, der für kulturelle Betreuung und politische Erziehung zuständig war. Dieser ließ eines Tages die Strophe eines bekannten sowjetischen Liedes auf die Wand der Baracke am Lagereingang schreiben: "Es gibt kein anderes Land auf Erden, wo so frei und glücklich lebt der Mensch... " Vor dem Ausmarsch zur Arbeit, nach der Zählung durch die Posten bekamen wir die von uns als "Morgengebet" bezeichnete Warnung zu hören gleich neben der zitierten Strophe: "Achtung! Rauchen ist verboten, Sprechen ist verboten! Jeder Schritt nach links oder rechts gilt als Fluchtversuch. Von der Waffe wird ohne Warnung Gebrauch gemacht!"

1987 bekam ich - nach einigem Hängen und Würgen - ein Visum, um in einer Touristengruppe Rußland zu besuchen.

Unser Touristenbus war auf dem Weg von Moskau nach Wladimir und Susdal. Unsere Reiseführerin vom "Intourist" beschrieb bei der Durchfahrt durch Dörfer und Städtchen jeweils den Zustand dieser Ortschaften zur Zarenzeit und in der Gegenwart. In der Zarenzeit waren es elende Kaffs gewesen, ohne Fabriken und Bildungsstätten. Jetzt aber - es folgte die Aufzählung der Fabriken, Schulen und Bildungsstätten - lebe die Bevölkerung unter kulturellen Verhältnissen. Bei der Durchfahrt durch eine Ortschaft erwähnte sie, daß hier die Menschen pro Person einen Wohnraum von zwölf Quadratmeter hätten. Ich meldete mich und sagte: "Wie ist das möglich? In Moskau beträgt der Wohnraum pro Person nur sieben Quadratmeter?" Ihre Antwort: "Zwölf Quadratmeter ist der Plan für das Jahr 2000."

Wieder ein paar Jahre später, als Jelzin Präsident war, lud mich eine Moskauer Akademie ein, mich an einer Tagung zu beteiligen, die sich mit dem erbärmlichen Zustand der russischen Streitkräfte befaßte. Dazu der zeitgemäße Witz:

Das Oberhaupt einer Räuberbande in Moskau schickte seinem Komplizen in Tschetschenlen folgendes Telegramm: "Schick zwei Maschinenpistolen, Stücker zehn Handgranaten, zwanzig Pistolen, zweitausend Patronen. Wir bereiten einen Banküberfall vor." Der Komplize schickt folgende Antwort: "Mit dem Transport gibt es Schwierigkeiten. Ich schicke 50 000 Dollar. Damit kannst du alles in der örtlichen Garnison einkaufen.'.

Eigenprodukt oder Beute - Witz?

Beim schwarzen Humor taucht nicht nur die Frage auf, wer ihn erdacht hat, sondern auch die Frage, wo er entstanden ist. Sind es wirklich Witze und Anekdoten, die in der Sowjetunion entstanden sind oder sind sie vielleicht aus dem Ausland übernommen worden?

Beim Versuch, den schwarzen Humor in der Sowjetunion irgendwie überschaubar zu machen, stößt man auf die Tatsache, daß eine Reihe von Witzen sowohl im III. Reich erzählt wurden wie in der Sowjetunion. H.-J. Gamm schreibt in seinem Buch "Der Flüsterwitz im dritten Reich" (München 1963.S, 10): "Der politische Witz gewann seinen Nährboden und gleichzeitig das ihm gemäße Klima erst mit dem Ausbau der totalitären Systeme des 20. Jahrhunderts." Er wurde zur Reaktion auf den gewaltsamen Versuch, die Individuen total zu beanspruchen, sie sogar zu zwingen, die verkündete Glaubenslehre und die Propagandaformeln als eigenes Bekenntnis zu wiederholen. Der Flüsterwitz war in den Augen der Machthaber ein geradezu verzweifelter Widerstand der Untertanen, der selbstverständlich unterdrückt werden mußte. F. Endrikat veröffentlichte im "Kladderadatsch" (Nr.19/1941) ein Gedicht über den Flüsterwitz, das mit den Strophen begann:

Der Flüsterwitz ist eine Fliege,
die ausgebrütet auf dem Mist,
aus den Bazillen:Bosheit, Lüge.
Kein Mensch weiß, wer der Vater ist.[2]

In der Sowjetunion war das Urteil über den Flüsterwitz, die Anekdote das gleiche. V, Paderin stellte in seiner Untersuchung über die "Öffentliche Meinung" (Kasan 1980) u.a., fest: "Das Auftauchen von Anekdoten kann hervorgerufen sein durch die Tätigkeit bourgeoiser Propaganda. Die Gründe für die Verbreitung von Anekdoten, die schmutzige Unterstellungen gegenüber dem Sowjetvolk, die sozialistische Lebensweise enthalten, entspringen der Erbitterung über die ungeheuren Errungenschaften der UdSSR in allen Bereichen des gesellschaftlichen Lebens, dem geheimen Wunsch, die soziale monolithische Geschlossenheit der sowjetischen Gesellschaft zu erschüt-

tern, Partei und Volk in einen Gegensatz zu bringen, die Autorität der politischen Führer, die vom Volk, von der Partei gewählt worden sind, zu untergraben..."[3]
Die Empfindlichkeit der Machthaber eines totalitären Regimes soll auch noch an einem Beispiel aus der Volksrepublik Chinas demonstriert werden. E. Wickert erzählt, daß ihm Bilder des Malers Huang Yungyü besonders gefallen hätten. Allerdings hatte dieser Künstler in der Kulturrevolution Schwierigkeiten bekommen, weil er ein Eule gemalt hatte, die ein Auge geöffnet, das andere aber zugekniffen hatte. Die Radikalen hätten das Bild als eine Provokation angesehen.[4]
Kehren wir zurück zum Hinweis, daß in der Sowjetunion Witze auftauchten, die auch im III. Reich geflüstert worden waren. Waren sie unabhängig von einander - sozusagen im totalitären Mistbeet - entstanden, waren sie z.B. von Journalisten in die Sowjetunion eingeschmuggelt worden - oder waren es Beute -Witze, die man nach dem Krieg mitgebracht und entsprechend angepaßt hatte? Niemand kann darauf eine zuverlässige Antwort geben. Schauen wir uns ein paar Beispiele an.

Hitler und Goebbels rudern auf dem Wannsee. Das Boot kippt um. Ein mutiger Junge springt ins Wasser und rettet sie. Goebbels verspricht ihm: "Du kannst dir wünschen, was du willst." Darauf sagt der junge Held: "Sagen Sie niemandem, daß ich sie gerettet habe, sonst schlägt mich mein Vater tot."

Derselbe Witz tauchte zur Zeit Breschnews in der Sowjetunion auf. Breschnew und Kossygin werden von einem mutigen Jungen vor dem Ertrinken gerettet.

Auf die Frage, was er sich wünscht, sagt der Retter: "Ich bitte um ein Staatsbegräbnis." - "Waas?".- "Ja, wenn mein Alter erfährt, daß ich euch gerettet habe, schlägt er mich tot."

Im III. Reich:

Ein Volksgenosse ruft bei der Gestapo an: "Mein Papagei ist verschwunden. Wenn er von Ihnen gefangen wird, so müssen Sie wissen, daß ich seine politische Meinung nicht teile."

Derselbe Witz hat in der Sowjetunion nur die Variante, daß der Besitzer das KGB anruft und sein Name Rabinowitsch ihn als Juden kennzeichnet. Im III. Reich:

Ich schleppe nun schon jeden Tag ein Teil aus dem VW-Werk nach Hause. Jetzt habe ich sie zusammengesetzt - und was ist herausgekommen: Ein Panzer.

Derselbe Witz bekam in der Sowjetunion die Abänderung, daß der Arbeiter in einer Fabrik zur Herstellung von Kinderwagen arbeitet und beim Zusammensetzen der Teile ein Maschinengewehr daraus wird.

Im III. Reich:

Friedrich der Große, Napoleon und Hindenburg unterhalten sich über die Kriegsführung. Friedrich der Große sagt: "Wenn ich Görings Flugzeuge gehabt hätte, hätte ich den siebenjährigen Krieg in vier Monaten beendet." Hindenburg sagt: "Wenn ich Hitlers Panzer gehabt hätte, wäre der Russe nie nach Ostpreußen hereingekommen." Napoleon sagt: "Wenn ich Goebbels gehabt hätte, hätte das französische Volk nie erfahren, daß ich den russischen Feldzug verloren habe."

In sowjetischer Variante:

Breschnew hat Alexander den Großen, Cäsar und Napoleon zu einer Truppenparade eingeladen. Alexander sagt: "Hätte ich die Panzer gehabt, dann hätte ich die ganze Welt erobert." Cäsar sagt: "Hätte ich die Raketen gehabt, hätte ich die ganze Welt unterworfen." Napoleon sagt: "Hätte ich eine solche Presse gehabt, wie in der Sowjetunion, hätte niemand von meiner Niederlage bei Waterloo erfahren."

Im III. Reich:

Der Deutsche ist entweder klug und Nationalsozialist. Dann ist er nicht ehrlich. Oder er ist ehrlich und Nationalsozialist. Dann ist er nicht klug. Oder er ist klug und ehrlich. Dann ist er nicht Nationalsozialist.

In der Version aus der Sowjetunion ist nur "Nationalsozialist" durch "Kommunist" ersetzt.

Im III. Reich:

Der Gauleiter kommt in die Schule und fragt einen Schüler: "Wer ist dein Vater?" - "Der Führer." - "Wer ist deine Mutter?" - "Die NSDAP." - "Und was möchtest du gerne werden?" "Vollwaise, Herr Gauleiter!"

Die Version in der Sowjetunion brauchte nur "Hitler" durch "Stalin", die "NSDAP" durch die "KPdSU" zu ersetzen und die Schlußantwort "Vollwaise" beizubehalten.

Im III. Reich:

Ein deutscher Soldat und ein Jude sitzen im selben Zugabteil. Fragt der Soldat: "Wie kommt es, daß ihr Juden so klug seid?"" Sagt der Jude: "Wir essen viel Fisch. Fisch enthält Phosphor, der ist gut für das Hirn." Dann packt er seinen Reiseproviant aus und beginnt, einen Fisch zu verspeisen. Der Soldat kauft ihm - für sage- und- schreibe fünf Mark - einen Hering ab und beginnt ihn, ebenfalls zu verspeisen. Plötzlich stockt er: "Ein Hering kostet doch nur ein paar Groschen, warum hast du ihn mir für fünf Mark verkauft?" Der Jude antwortet: "Siehst du, es wirkt bereits!"

Fast unverändert - nur ist dort statt von Mark von Rubel die Rede - tauchte auch dieser Witz in der Sowjetunion auf. Dabei erhebt sich die Frage, ob man ihn nicht besser unter den jüdischen Witzen einsortieren sollte, von denen noch die Rede sein wird. Ganz am Rande: Die Geschichte gibt es auch in den "Maghrebinischen Geschichten" von Gregor von Rezzori. Allerdings nimmt dort die Rolle des schlauen Juden der Muslim Hodscha von Metropolsk ein._Bisher war die Rede von Witzen aus zwei diktatorischen Regimen. Es ist erwähnt worden, daß wir nicht wissen, ob sie unabhängig von einander entstanden sind oder ein Import waren. Aber auch lange nach dem Ende des III. Reiches tauchten in der Sowjetunion Witze auf, die zweifellos im Westen entstanden waren und den Weg in die Sowjetunion gefunden haben.

1997 erschien in der "Komsomolskaja prawda"(4.3.1997) ein Artikel von Jew. Golubew, der an den 30. Jahrestag der Witze über Wowotschka erinnerte. Sie gehen offensichtlich auf jene Witze aus dem Westen zurück, die man zum tiefschwarzen Humor rechnen kann. Hierfür ein Beispiel aus dem Westen:

"Mama, ich mag die Oma nicht!" - "Halt den Mund und iß weiter. Was auf den Tisch kommt, wird gegessen!"

In sowjetischer Version lauteten die Witze so:

"Wowotschka, du liebst doch die Mama. Geh in die Küche, da ist noch ein Stück von ihr übrig."

Oder:

"Wowotschka faß den Großvater nicht an der Nase! Und überhaupt, geh weg vom Sarg!"

Oder:

"Wowotschka, schaukle nicht auf dem Papa. Dazu hat er sich nicht erhängt. Er hat sich aufgehängt, damit Friede in der Familie ist!"

Sozialistische Wanderwitze

Nach 1945, als die Gemeinschaft der sozialistischen Bruderstaaten unter Moskauer Herrschaft entstand, wanderten Flüsterwitze über die Grenzen hin und her. Ob sie alle ursprünglich in der Sowjetunion entstanden sind, erscheint mir unwahrscheinlich. Einige haben einen Hauch polnischen oder tschechischen oder ungarischen Humors. Natürlich wurden sie bei' der Weiterverbreitung modifiziert und ergänzt, aber der eigentliche Kern blieb unverändert. Einige davon gelangten bis nach Vietnam.

In Ungarn, der "lustigsten Baracke im sozialistischen Lager" erzählte man sich folgenden Witz über Kadar:

Der Parteichef Kadar erfährt, daß die meisten politischen Witze vom Juden Kohn stammen. Er lädt Kohn ein, um sich die Witze erzählen zu lassen. Kadar empfängt ihn am reichgedeckten Tisch und sagt: "So werden bald alle Werktätigen in unserem Land leben." - "Genosse Kadar", entgegnete Kohn, "wenn ich richtig informiert bin, so bin ich derjenige, der hier Witze erzählen soll."

Dieser Witz gehört zu den "Dauerbrennern" sowjetischen Humors, wo er in jeweiliger Anpassung an den jeweiligen Sowjetführer erzählt wurde.

Ebenfalls aus der Sowjetunion stammt der folgende Witz, der in den achtziger Jahren in Vietnam kursierte:

Fidel Castro läßt sich die Haare schneiden. Der Friseur redet und redet immerzu von der Perestroika. Castro wird wütend: "Warum reden Sie ständig von der Perestroika?" "Genosse Castro", antwortet dieser, "jedesmal, wenn ich Perestroika sage, stehen Ihnen die Haare zu Berge und ich kann sie leichter schneiden."

Die russische "Urfassung" enthält ein anderes Reizwort, das Breschnew die Haare zu Berge stehen läßt: Polen.

Ebenfalls aus der Sowjetunion stammt folgender Witz:

"Hast du gehört, daß Iwan Kriwonogow aus Kiew in der staatlichen Lotterie einen 'Pobeda' (Automarke) gewonnen hat?" - "Ja, aber es war nicht Iwan Kriwonogow, sondern Iwan Kriwomorda, und nicht in Kiew, sondern in Odessa, auch war es nicht ein Auto, sondern ein Fahrrad und schließlich hat er es nicht in der Lotterie gewonnen, es ist ihm vielmehr gestohlen worden."

Viele Jahre später wurde dieser Witz - natürlich an die DDR-Verhältnisse angepaßt - sogar in der Ost- "Berliner Zeitung"(5.11.1982) abgeschrieben. Das entsprach durchaus der Selbstbezeichnung der DDR-Bürger "Iwan de Luxe". Damit deutete man die Ähnlichkeit zum Großen Bruder an und relativierte gleichzeitig die Ähnlichkeit.

Aus der Sowjetunion der Stalinzeit stammt der Witz über eine Parteiversammlung:

Ein Genosse fragt, nachdem die Errungenschaften des Sozialismus breit und ausführlich geschildert worden sind, wo denn Brot und Fleisch und Milch geblieben sind. Ein paar Monate später ist wieder Parteiversammlung. Ein Genosse fragt: "Ich frage nicht, wo Brot, Fleisch und Milch geblieben sind, sondern wo der Genosse geblieben ist, der zuletzt danach gefragt hat."

Fast wörtlich konnte man diesen Witz in den fünfziger Jahren in Budapest noch vor dem Aufstand im Jahre 1956 hören. Der folgende Witz aus Rumänien ist auch eine Kopie eines Witzes aus der Sowjetunion:

Eine Hausfrau seht mit leerer Einkaufstasche vor ihrer Wohnungstür. Sie überlegt: "War ich jetzt schon einkaufen oder wollte ich gerade zum Einkauf gehen?"

Ein Dauerbrenner unter den sowjetischen Witzen lautete:

Ein Häftling im Lager jammert ständig, er wäre unschuldig verurteilt worden. Schließlich läßt ihn der Politoffizier kommen und fragt: "Wieviele Jahre hast du bekommen?" "Fünfzehn." - "Dann hast du etwas ausgefressen. Leute, die nichts getan haben, kriegen zehn Jahre".

Dieser Witz tauchte in gewissen Zeitabständen immer wieder auf. Die Zeitabstände konnte man nur daran unterscheiden, daß es unterschiedlich hieß, jemand der nichts getan hätte, bekommt drei oder sieben oder eben zehn Jahre. In einer tschechoslowakischen Version bekommt der, der nichts getan hat, sieben oder acht oder neun Jahre aufgebrummt.

Aus der DDR stammt sicherlich der folgende Witz, der danach seine Runde durch die Sowjetunion, Polen und Ungarn gemacht hat.

Ein Mann ist im Kaufhaus in der falschen Etage gelandet. Die Verkäuferin belehrt ihn: "In unserer Etage kriegen sie keine Anzüge. Keine Schuhe gibt es in der Etage darunter."

Der in der DDR weit verbreitete Witz, wie man sich verhalten soll, wenn die Mauer fällt, geht wahrscheinlich auf einen Witz der Breschnewzeit zurück:

Was machst du, wenn die Grenze geöffnet werden wird?" "Ich steige auf einen Baum." - "Warum?" - "Damit ich nicht zertrampelt werde.

Eine andere sowjetische Variante lautete:

Breschnew und Kossygin unterhalten sich über die ständig zunehmende Anzahl von Auswanderern aus der Sowjetunion. Breschnew sagt: "Das gefällt mir garnicht. Wenn es so weitergeht, dann sind nur noch wir zwei übrig." Kossygin antwortet: "Nein, Genosse, du wirst hier ganz allein sein."

In Rumänien wurde daraus folgender Witz:

Auf dem Flughafen von Bukarest wurde, nachdem man die Grenzen geöffnet hatte, folgendes Schild aufgehängt: "Wir bitten den letzten Passagier, der das Land verläßt, hinter sich die Tür abzuschließen."

Es braucht nicht näher erklärt zu werden, daß die Beziehungen zwischen den sozialistischen Bruderstaaten nicht immer ungetrübt waren, Die beiden folgenden Witze sind wahrscheinlich in der Tschechoslowakei entstanden und von dort weitergewandert.

Aggression ist der Überfall eines Staates auf einen anderen ohne Genehmigung der Sowjetunion.

Und:

Prag ist von Truppen des Warschauer Pakts besetzt. Ein Tscheche sagt zu einem Sowjetsoldaten: "Du bist bei mir nachts eingebrochen, hast meine Regierung verjagt. Und was ist, wenn ich dir das antun würde?" Der Sowjetsoldat:"Ach, komm recht bald!"

Wo der folgende Witz entstanden ist und wie viele sozialistische Staaten er erreicht hat, läßt sich schwer feststellen.

"Wie haben die beiden deutschen Staaten des Erbe von Marx unter sich aufgeteilt?" - "Die DDR hat das Kommunistische Manifest erhalten, die Bundesrepublik Deutschland das Kapital."

"Dauerbrenner"

Nachdem eben die Rede war von Witzen innerhalb und zwischen den sozialistischen Bruderstaaten, muß natürlich auch auf jene Witze eingegangen werden, die innerhalb der Sowjetunion und in der Danachzeit die Völkerschaften im Sowjetreich und im Danach -Rußland übereinander erzählt haben. Es waren und sind mehr als hundert Nationalitäten oder Völkerschaften. Zu Beginn des 20. Jahrhunderts waren die Hauptheiden dieser Witze die Zigeuner, die Armenier und die Juden.

In der Sowjetzeit und danach wurden die Georgier, die Tschuktschen, die Ukrainer und vor allem die Juden zu den Hauptheiden. Viele dieser Witze sind harmlos, mehr oder weniger giftig sind die Witze über die Ukrainer, bzw. der Ukrainer über die Russen. Kurz gesagt: Viele dieser Witze gehören nur am Rande zum schwarzen Humor. Aber auch der Rand ist ganz interessant. Die "Moskowskie nowosti" (Nr.14/1994) gaben einem Text über die Zuneigung der Völkerschaften zueinander die Überschrift "Die Leidenschaftlichkeit der Liebe". Im Hinterkopf sollte man dabei bedenken, daß sich die Nationalitäten und Völkerschaften - nach offizieller Lesart - zur Sowjetzeit leidenschaftlich miteinander verbunden fühlten.

Die Letten, Esten und Litauer lieben wir nicht seit 1940,es ist bekannt, warum. - Die Georgier, Armenier und Aserbaidschaner lieben wir auch nicht, - es ist unbekannt, warum das so ist. - Die Ukrainer lieben wir nicht, weil Chruschtschow ihnen die Krim gegeben hat. - Die Jakuten lieben wir nicht, weil sie unsere Diamanten schürfen. Die Tataren lieben wir nicht, weil sie uns nicht lieben. Die Juden lieben wir wegen ihrer Witze nicht. - Die Weißrussen lieben wir nicht, weil sie uns so stark ähneln...

Die Russen nennen die Ukrainer "Chochol"(Haarschopf) und behaupten von ihnen, daß sie "Salo" (Speck) mit großen Buchstaben schreiben.

Ein Ukrainer fährt mehrere Tage in der Eisenbahn, ohne sich zu waschen. Schließlich fragt ihn ein Mitreisender, ob er nicht einmal die Socken wechseln will. Der Ukrainer antwortet: "Die tausche ich nur gegen Speck."

Die Ukrainer nennen die Russen - ebenfalls im abwertenden Sinne - "Kazap". Das war einmal eine altertümliche Bezeichnung für russische Soldaten und soll auf ein arabisches Wort zurückgehen, das "Fleischer" bedeutet. Die Ukrainer sind voller Stolz auf ihre Kultur, ihre Sprache. Die Kiewer Rus' bestand Jahrhunderte vor der Moskauer Herrschaft.

Fragt ein Ukrainer einen Fremden: "Bist du ein Kazap?" - Der antwortet "Nein." – "Na, dann können wir ja russisch miteinander sprechen."

Wäre es ein Russe gewesen, dann hätte der Ukrainer nur ukrainisch mit ihm gesprochen.

Die Georgier galten schon früher als laut, überheblich, reich und grob.

Zwei Georgier gehen ins Lenin- Mausoleum. In den Glassärgen liegen Lenin und Stalin. Fragt der eine den andern: "Und wer ist das, der neben unserem Stalin liegt?" - "Was, du erkennst es nicht. Das ist sein Orden."

Über die Bruderliebe untereinander gibt folgender Witz Auskunft:

Anfrage an den Briefkastenonkel von Radio Jerewan: "Kann man den Kommunismus in Armenien einführen?" Antwort: "Man kann. Aber zuerst sollte man es in Georgien versuchen."

Der folgende Witz ist eine Illustration zur Warnung von Russen und Ukrainern, einem Georgier eine Frau anzuvertrauen.

Ein Mädchen wird von einem Georgier gewarnt: "Geh nicht weiter, dort wird man dich ausziehen." Das Mädchen: "Was soll ich machen?" - "Zieh dich gleich hier aus."

Wieso das kleine Völkchen der Tschuktschen in jüngerer Zeit für unzählige Witze herhalten muß, ist unbekannt. Die Witze über sie entsprechen etwa den Ostfriesenwitzen. Eine Erklärung lautet: In den sechziger Jahren habe es ein Lehrbuch in englischer Sprache für die technischen Fachhochschulen gegeben. Darin befanden sich mehrere Texte über das glückliche Leben der sowjetischen Tschuktschen als Gegenstück zu den verelendeten Aleuten Alaskas.

So soll sich ein Tschuktsche in der Schlange vor dem Leninmausoleum angestellt haben, bis er merkte, daß der "Verkäufer" tot war.

Tschuktschen haben ein Kamel gefangen. So ein Tier haben sie noch nie gesehen. Sie gehen zu ihrem Schamanen und fragen ihn. Der tritt aus seinem Zelt heraus, sieht das Kamel und freut sich: "Das ist ein 'Camel', das kann man rauchen."

Die Einfalt der Tschuktschen war auch für den schwarzen Humor brauchbar.

Kommt ein Tschuktsche ins Politbüro und sagt: "Ich möchte Mitglied des Politbüros werden, was ist dafür nötig?" - "Sind Sie ein Idiot?" - "Ist das die Voraussetzung?"

An der Spitze stehen jedoch die jüdischen Witze. Man sagt, sie seien von Juden ausgedacht und tatsächlich haben sie einen Pfiff, der vielen anderen Witzen fehlt.

Lebt hier Rabinowitsch?" - "Nein".- "Aber wer sind Sie?" - "Rabinowitsch." – "Sie haben eben doch gesagt, daß Sie nicht hier leben." - "Kann man das denn Leben nennen?"

Wenn in einem Witz der Name Rabinowitsch auftaucht, so ist damit immer ein Jude gemeint.

Im Milchladen stehen die Leute Schlange. Die Verkäuferin hängt ein Schild auf "An Juden darf kein Sauerrahm verkauft werden!" "Unverschämtheit" empören sich die Juden in der Schlange, "das ist Antisemitismus." Der Geschäftsführer Rabinowitsch kommt und sagt: "Immer mit der Ruhe, ihr Juden. Habt ihr diesen Sauerrahm schon probiert?! Na also, was schreit ihr dann?"

Die Gerissenheit und der Geschäftssinn der Juden waren lange Zeit die Hauptthemen der Judenwitze.

Während des Großen Vaterländischen Krieges wird auch Rabinowitsch einberufen, obwohl er kurzsichtig, krank ist. Man drückt ihm einen Packen Flugblätter in die Hand: "Schleich dich ins Hinterland des Feindes und verteile sie." Nach drei Tagen kommt Rabinowitsch zurück: "Ich habe alle Flugblätter verkauft. Wer kriegt das Geld dafür?"

Der folgende Witz ist eindeutig ein Import aus dem kapitalistischen Ausland und stammt aus der Nachkriegszeit:

Ein Flugzeugbauer kommt zu seinem Rabbi und klagt ihm seine Sorge. Bei allen von ihm konstruierten Flugzeugen reißen beim Start die Flügel ab. Der Rabbi rät ihm: "Macht dort, wo die Flügel abreissen, Löcher in die Tragflächen." Der Flugzeugbauer kommt nach drei Tagen wieder und bedankt sich überschwenglich und fragt, wie der Rabbi darauf gekommen ist. Der antwortet: "Hast du schon einmal erlebt, daß das Toilettenpapier dort reißt, wo es gelocht ist? Na also!"

Für einen Russen ist die Stadt Odessa, obwohl sie immer als Hafenstadt viele Nationalitäten beherbergte, ein Konglomerat von Künstler, Spitzbuben und Juden. Einst lebten viele Juden in Odessa. Nur wenige haben den Holocaust überlebt, Trotzdem blieb weitgehend die Überzeugung erhalten, die jüdischen Witze kämen überwiegend aus Odessa.

Ein Tourist fragt seinen einheimischen Reiseführer: "Wie viele Einwohner hat Odessa?" - »Eineinhalb Millionen." "Und wieviele Juden leben in Odessa?" – "Sind Sie taub? Ich habe doch eben auf ihre Frage schon geantwortet."

Die Spitzbubenvergangenheit lebt in folgendem Witz wieder auf:

Ein Odessit sehnt sich danach, nach vielen Jahren seine Heimatstadt wieder zu sehen. Man rät ihm ab: "Du wirst die Stadt nicht wiedererkennen, es hat sich alles verändert." Er läßt sich nicht abhalten und fährt mit dem Zug nach Odessa. Auf dem Hauptbahnhof steigt er aus, stellt seinen Koffer neben sich und schaut um sich. Als er seinen Koffer wieder aufnehmen will, ist der verschwunden. Da strahlt er: "Nichts hat sich verändert. Es ist noch so wie früher."

Recht typisch für einen Odessawitz ist folgender:

"Sag mal, wie ist deine Einstellung gegenüber der Sowjetmacht?" - "So wie zu meiner Frau. Ich liebe sie ein bißchen, ich fürchte sie, aber ich habe mich an sie gewöhnt. Allerdings wäre mir eine andre lieber."

Oder:

Abgeordnete der Duma reisen nach Israel, um sich über die Arbeit im dortigen Parlament zu informieren. Nach der Rückkehr berichten sie: "Bei denen ist noch mehr Bürokratie als bei uns. Auf den Klos im Parlament haben sie Toilettenpapier in vier Lagen, damit drei Kopien übrigbleiben."

Und:

In Tel Aviv (nach einer anderen Version in New York) wurde ein Restaurant "Nostalgie" eröffnet. Am Eingang steht ein Türhüter" Alles ist besetzt!". Die Bedienung ist miserabel, das Essen ebenfalls, die Rechnungen sind gelinkt. Beim Verlassen des Lokals ruft der Türhüter hinterher: "Scher dich in dein Israel, du Judenfresse!" Das Lokal soll sehr populär unter den ehemaligen Bürgern Rußlands sein.

Es ist kein Zufall, daß der beliebteste Satiriker, Humorist und Kabarettist Rußlands, M. Schwanezkij, aus Odessa kommt. Aus Odessa kommen ganz offensichtlich auch Vorschläge für neue Vornamen. In der kommunistischen Zeit gab es herrliche Neunamen wie z.B. für Männer "Wladlen" (aus Wladimir Lenin), "Marlen" (aus Marx und Lenin), für Frauen "Oktjabrina" (abgeleitet von Oktoberrevolution), "Dasdraperma" (da zdrastvuet Pervoe maja = es lebe der erste Mai).

Ein paar von den neuen Vorschlägen: Für Männer "Boriel" (aus Boris Jelzin), "Deduschir" (aus: Deputierter der Duma Schirinowskii), "Napukkap" (na puti k kapitalizmu = auf dem Weg zum Kapitalismus); für Frauen "Rumba" (Rumänischer Basar), "Nikomunewera" (glaube keinem).

Es ist bekannt, daß die Massenmedien zur Sowjetzeit nicht nur einer Zensur unterlagen, sondern auch ihre speziellen Anweisungen erhielten, was sie herausstellen, was sie loben oder verurteilen sollten. Das betraf natürlich auch die satirischen Zeitschriften mit ihrem Flaggschiff "Krokodil". Im Laufe der Sowjetherrschaft änderte sich ab und an die Zensur, änderten sich ihre Anweisungen. So war es nach der "Entstalinisierung" unter Chruschtschow durchaus möglich, Stalin zu kritisieren.

Für denjenigen, der die sowjetische Presse analysierte, waren nicht nur die Veränderungen interessant. Interessant war für ihn auch, was über Jahrzehnte hinweg - z.B. bei den Karikaturen im "Krokodil" - unverändert blieb. Dazu gehörten u.a. Karikaturen über Trunkenheit, Diebstahl, Vetternwirtschaft, schlechte Wege, Bürokratie. Das waren und blieben bis in die Gegenwart hinein "Dauerbrenner", Anzeichen dafür, daß es der Sowjetmacht nicht gelungen war, diese Mißstände zu beseitigen. Eines darf man allerdings bei diesen "Dauerbrennern" nicht übergehen: Niemals wurde die Schuld daran den Herrschenden, dem System, der Partei angelastet. Immer waren es entweder Überreste der Vergangenheit, vom Kapitalismus verführte Elemente, moralisch Defekte.

Befaßt man sich mit dem schwarzen Humor, so stößt man auch dort auf "Dauerbrenner". Der bereits unter "Sozialistische Wanderwitze" erwähnte über den Häftling, der sich empört, daß er für nichts 15 Jahre bekommen habe und die Antwort des Politoffiziers, daß es für "Nichts" nur zehn Jahre gibt, gehört dazu, Ein Unterschied zwischen den offiziell zugelassenen "Dauerbrennern" in den satirischen Zeitschriften und den "Dauerbrennern" im schwarzen Humor liegt auf der Hand: Im schwarzen Humor sind fast immer "die da oben" die Schuldigen.

Stalin wird gemeldet, daß der Sekretär der Komintern Radek, Witze über ihn ausdenkt. Stalin läßt Radek kommen und sagt: "Schämst du dich nicht, Witze über mich zu machen; über mich, die Leuchte des Kommunismus?" - Dieser Witz stammt nicht von mir", antwortet Radek.

Die Variante zur Zeit Chruschtschows lautet so:

Chruschtschow wollte den Mann kennenlernen, der über ihn Witze erfindet. Er läßt ihn kommen, bewirtet ihn fürstlich und sagt: "In zwanzig Jahren werden bei uns alle so leben." - Der Gast antwortet: "Wer hat hier wen eingeladen, Witze zu erzählen: Sie mich oder ich Sie?"

Wie bereits erwähnt, ist dieser Witz auch nach Ungarn weitergewandert. Eine etwas abgemilderte Form stammt wohl aus der Nach-Chruschtschowzeit.

"Wie bringen Sie es zustande, Witze auszudenken, obwohl bei uns alle mit allem zu frieden sind?" Antwort: "Diesen Witz habe ich nicht erfunden."

Der Witz über die Gefahr für die Witzeerzähler hat inzwischen schon fast einen Bart bekommen:

Sitzen zwei im Gefängnis. "Weswegen sitzt Du?" "Wegen Faulheit." - Nie das?" - "Ein Freund und ich haben uns Witze erzählt. Ich habe gemeint, es reiche bis morgen, daß ich eine Anzeige mache, aber der Freund ist gleich gegangen."

Den Weg eines anderen Witzes kann man ungefähr rekonstruieren, wenn man darauf achtet, wie viele Jahre der Richter im folgenden Witz verhängt hat. Denn am 16.9.1966 erschien in der Sowjetunion ein neues Gesetz, daß für das Erzählen antisowjetischer Witze drei Jahre Lager festlegte. Vorher waren es mindestens zehn.

Ein Richter kommt aus dem Gerichtssaal und lacht, daß ihm der Atem wegbleibt. Ein Kollege fragt ihn: "Was ist mit Dir?" - "Ich habe einen Witz gehört" und lacht weiter. - "Na, dann erzählt mal!" - "Du bist wohl verrückt, gerade habe ich dem Erzähler zehn Jahre dafür aufgebrummt".

Zu den Witzen aus der Stalinzeit gehört sicherlich auch der folgende:

In Ägypten wird eine Mumie gefunden. Vergeblich versuchen die Fachleute, ihr Alter festzustellen. Die Sowjetunion bietet ihre Hilfe an und nach kurzer Zeit kann der sowjetische Geheimnis mitteilen, sie sei genau 5412 Jahre alt. Die Fachleute im Westen sind überrascht und wollen wissen, wie man das herausgefunden habe. "Ganz einfach, die Mumie hat gestanden."

In der Nach-Stalinzeit tauchte der Witz wieder auf. Der folgende Witz hat die Stalinzeit ebenfalls überstanden:

Eine Bäuerin beklagt sich bei ihrem Mann, der im Bürgerkrieg als Rotarmist kämpft, daß niemand da sein, um den Garten umzugraben, damit sie ein paar Kartoffeln pflanzen könne. Der Rotarmist gibt anonym der GPU einen Tip, die "Weißen" hätten im Garten Waffen vergraben. Bald darauf schreibt ihm seine Frau:"Ich kann jetzt die Kartoffeln pflanzen, die GPU hat den ganzen Garten umgewühlt."

Später - wahrscheinlich zur Breschnewzeit - hat der Witz folgende Form erhalten:

Der Pensionär Iwanow beschwert sich beim Pensionär Rabinowitsch, daß er niemanden habe, der ihm den Garten umgraben würde. Rabinowitsch ruft das KGB an: "Im Garten von Iwanow ist illegale Literatur vergraben". Bald darauf teilt ihm Iwanow mit: "Das KGB hat die Sache übernommen und meinen ganzen Garten umgegraben."

Ziemlich bald nach Kriegsende tauchte ein Witz über Churchill, Roosevelt und Stalin auf.

Nach der Konferenz von Jalta fahren Churchill, Roosevelt und Stalin im Auto durch die Ukraine. Plötzlich versperrt ihnen eine Kuh den Weg, sie hat sich einfach auf die Straße gelegt. Churchill steigt aus und versucht sie, mit einem Stock zu verjagen, - ohne Ergebnis. Roosevelt versucht es mit einem Cowboy-Geschrei, - ergebnislos. Stalin steigt aus, flüstert der Kuh etwas ins Ohr, darauf entfernt sie sich im gestreckten Galopp. "Was haben Sie denn gemacht?" fragen erstaunt die westlichen Staatsmänner. "Ich habe ihr gesagt", ist Stalins Antwort, "wenn sie nicht sofort verschwindet, kommt sie in eine Kolchose."

Zur Erklärung muß man hinzufügen, daß es damals den Kolchosbauern gestattet war, eine "Privatkuh" zu halten. Fast der gleiche Witz tauchte in der Chruschtschowzeit wieder auf. Diesmal waren Eisenhower und Chruschtschow gemeinsam unterwegs. Die folgende Variante befaßt sich zwar nicht mit einer Kuh, geht jedoch vom gleichen Muster aus.

Der Präsident der USA, Frankreichs und Breschnew sitzen im Flugzeug. Plötzlich sehen sie, daß auf einem Flügel der Teufel sitzt und versucht, diesen abzusägen. Der amerikanische Präsident schickt ihm ein Zettelchen und verspricht eine Million Dollar, wenn er aufhört zu sägen. Der Teufel lacht nur. Dann teilt der französische Präsident dem Teufel mit, daß er ihm die schönsten Frauen verschaffen würde, wenn er mit der Sägerei aufhöre. Der Teufel lacht nur. Daraufhin schickt der Generalsekretär dem Teufel eine Botschaft und dieser entfleucht schleunigst. "Was haben Sie ihm geschrieben?" wollen die westlichen Staatsmänner wissen. "Ganz einfach", antwortet dieser, "da Du so gut sägen kannst, wirst Du zur Großbaustelle BAM geschickt."

Aus der Chruschtschow - und der Breschnewzeit stammt folgender Witz. Im Hinterkopf habe ich auch noch eine Erinnerung, daß er schon einmal in der Stalinzeit erzählt worden ist, habe jedoch keinen Beleg dafür gefunden.

Der Generalsekretär (Chruschtschow und später Breschnew) lädt seine Mutter nach Moskau ein. Er zeigt ihr das Arbeitszimmer im Kreml, die Luxusdatschen bei Moskau und am Schwarzen Meer. Da bricht die Mutter in Tränen ist: "Und was ist, wenn die Roten wiederkommen?"

Nicht ganz stubenrein ist folgender Witz, der ebenfalls Chruschtschow und später Breschnew gewidmet war.

Zur Zeit Chruschtschows wird ein Bordell eröffnet. Der Generalsekretär besucht es, ihm gefällt besonders eine der Damen. Um ihr einen Gefallen zu erweisen verspricht er ihr: "Ich gebe Dir eine Empfehlung für die Aufnahme in die Partei." Die Dame schreit auf: "Nur das nicht. Meine Mutter hat mir bereits Ärger gemacht, als ich ins Bordell wollte."

In die "Ahnenreihe" dieser Witze gehört wohl auch ein Bericht des Schriftstellers W. Solouchin (Krokodil Nr.5/6.1993).

Eine Bekannter von mir, der im ZK arbeitete, wurde zu einem Vortrag für das dortige Parteiaktiv in die Provinz geschickt. Dort wußte man, wie man einen hohen Gast aus Moskau bewirtet: Gutes Essen, eine Unterkunft in einer Datscha und schließlich die Frage, ob er für die Nacht eine Blonde, eine Brünette, eine Dünne oder Dicke wünsche. Der Gast zierte sich etwas, schließlich kam er ja vom ZK. Doch die Gastgeber beruhigten ihn: "Seien Sie unbesorgt. Wir nehmen ein Parteimitglied."

Aus der Zeit nach 1956, als Chruschtschow entstalinisierte, stammt der Witz über die Rehabilitierung eines unter Stalin Verurteilten. Der Witz hat allerdings noch länger weitergelebt, um in der Perestroikazeit auszuhauchen.

Zur Stalinzeit, als von oben befohlen wurde, daß 2 x 2 = 5 ist, weigerte sich ein Mann, dem zuzustimmen. Er verschwand in einem Lager und sollte nach 1956 rehabilitiert werden. Man holte ihn zur Parteistelle und erklärte: "Sie sind widerrechtlich eingesperrt worden, denn 2 x 2 sind nicht 5, sondern wie wir heute wissen 4 1/2. Wenn Sie damit einverstanden sind, können wir Sie rehabilitieren." Der Mann weigerte sich. Darauf redete man ihm zu: "Seien Sie doch glücklich, daß 2 x 2 nicht mehr 5 ist. Und würdigen Sie doch den Fortschritt, damit wir Sie entlassen können."

Vom Witz zum Flüsterwitz

Dieses Kapitel beschäftigt sich mit dem Zeitraum 1917 - 1929. Das war die Zeit der Revolution, des Bürgerkrieges, der Neuen 'Ökonomischen Politik. Nach dem Tode Lenins verstrichen noch einige Jahre, ehe Stalin seine Rivalen überwunden hatte und sich zum Alleinherrscher aufschwang. Natürlich war es in den Revolutionsjahren und im Bürgerkrieg nicht gerade ratsam, einen Witz über die Sowjetmacht zu erzählen, aber noch wußte niemand, wie der Bürgerkrieg ausgehen würde. Zeitweise schien es so, als würden die "Weißen " siegen, Auch war das Sowjetregime noch nicht etabliert. Die meisten Mißstände konnten die einen als Hinterlassenschaft des Zaren - Regimes anprangern, die anderen als Folge der verworrenen Zeitläufe nach dem Krieg und im Bürgerkrieg. Natürlich gab es nach der Oktoberrevolution Witze über die neuen Herren, speziell über Lenin und Trotzki, Stalin war noch eine Randfigur. In einer Tschastuschka hieß es (die Übersetzung kann den Reim nicht wiedergeben):

Lenin sagt zu Trotzki, gehn wir auf den Basar, kaufen dort ein braunes Pferd, füttern das Proletariat.

Oder:

"Trotzki und Lenin sind dicker geworden." - "Aber nein, sie blasen nur die Backen auf." - "Wieso?" - "Na sie fachen mit aller Kraft die Weltrevolution an."

Natürlich saß den Menschen unter kommunistischer Herrschaft die Angst im Nacken. Chruschtschow erzählte 1960 auf einer Pressekonferenz im Kreml:

Nach der Oktoberrevolution 1917 wurden Fragebögen ausgeteilt. Man fragte die Bürger, ob sie an Gott glauben. Manche hatten Angst, ihre Stellung zu verlieren. Darum antworteten sie: "Zu Hause glaube ich an Gott. Aber im Dienst natürlich nicht.- [5]

Die meisten Witze über das Regime kamen aus den Reihen der "Weißen" oder jener, die rechtzeitig das Land verlassen hatten.

"Nur in der Agrarfrage unterscheiden sich meine Ansichten von denen der Röten", bemerkt ein Weißgardist. "Sie wollen, daß ich in der Erde liege, und ich möchte, daß sie in der Erde liegen."

Unter den führenden Kommunisten war Karl Radek besonders bekannt für seine Scherze.

Die Komintern tagt in Moskau. Ein japanischer, ein indischer, ein brasilianischer. ein arabischer usw. Delegierter spricht. Radek übersetzt alle Reden fließend. Schließlich fragt ein Tagungsteilnehmer Radek: "Ich wußte, daß Sie mehrere Sprachen beherrschen, aber diese ausgefallenen Sprachen?" - "Ich beherrsche diese Sprachen auch nicht, - aber was können sie schon sagen!"

Im Jahre 1925, als nach Lenins Tod der Kampf um die Macht entbrannte, wollte sich K. Woroschilow das Wohlwollen Stalins sichern und nannte Radek und seine Gesinnungsgenossen "trotzkistische Spießgesellen." Radek reagierte sofort mit einem giftigen Vierzeiler:

Ach, Klim, hohler Knopf,
mit Mist bis oben vollgepackt.
Ist es nicht besser, der Schwanz vom Löwen zu sein als das Hinterteil von Stalin.

Mit dem Löwen war Trotzki gemeint, der mit Vornamen "Lew" (Leo oder Löwe) hieß. Diese und andere Worte wurden unter den Parteimitgliedern weitererzählt. Man nannte ihn den "letzten Anekdotenerzähler der Partei". Stalin hat Radek später erschießen lassen. Zu Lebzeiten Lenins war innerhalb der kommunistischen Führungsspitze noch eine Diskussion möglich gewesen. Nach der Ausrufung der Russischen Sowjetrepublik im Jahre 1922 (RSFSR) wurde folgender Kalauer erzählt:

Die Russische Republik hat die Bezeichnung RSFSR erhalten damit die Bezeichnung gleich gelesen werden kann durch Lenin(von links nach rechts) und von Trotzki (von rechts nach links.)

Als Lenin gestorben war, setzte sich Stalin dafür ein, Lenin einzubalsamieren und die Mumie auszustellen. Krupskaja, Lenins Witwe war dagegen. Stalin fauchte sie daraufhin an: "Halt den Mund, sonst mache ich jemand anders zur Witwe Lenins!" Der folgende Witz über die Beisetzung Lenins wird bezeichnenderweise zwei Juden in den Mund gelegt, - einer davon natürlich aus Odessa:

Sagt der eine:"Wir haben einen großen Mann verloren, er hat ein solches Begräbnis verdient." Fragt der andere: "Was hat das Begräbnis denn gekostet?" "Man sagt eine Million Rubel. vielleicht auch mehr." "Na, für das Geld hätte man das ganze ZK begraben können."

In der Zwischenzeit hatte sich die Tscheka unter Dserschinski im ehemaligen Gebäude einer Versicherungsgesellschaft, in der Lubjanka niedergelassen. Für die Tscheka waren Witze und Anekdoten üble Machenschaften der Konterrevolution.

Ein Arbeiter empört sich laut: "Es gibt keinen Speck, einen Topf für meine Frau kann ich nicht bekommen, auch kein neues Beil. Was sind das für miese Herren da oben!" Ein Milizionär hört das und fragt, wen er denn meine. Antwortet der Arbeiter: "Natürlich die Zaren. Dreihundert Jahre haben sie geherrscht und konnten nicht einmal für zehn Jahre Vorräte ansammeln."

Und:

Man bringt einen Verhafteten zur Tscheka: "Das ist eindeutig ein Konterrevolutionär!" - "Was hat er denn gesagt?" "Oberhaupt nichts, er ist taubstumm. Aber er hat so ausgespuckt."

Inzwischen war die Presse gleichgeschaltet, die Zensur offiziell eingeführt. Die kurze Formel über "Prawda" (Wahrheit) und "Iswestija" (Nachrichten) überlebte viele der kommenden Jahre:

Wodurch unterscheiden sich "Prawda und Iswestija"? "In der 'Prawda' gibt es keine Nachrichten, in der "Iswestija" keine Wahrheit."

Als die "Prawda" an die Spitze der gesamten Medienpyramide gestellt wurde und ihr niemand mehr widersprechen durfte, verschwand der Witz, denn nun war jedem klar, daß auch in der "Prawda" keine Wahrheit zu finden war. Immerhin war sich die Führung klar darüber, daß man auch eine humoristische Unterstützung brauchte. Muster und Vorbild hierfür wurde die satirische Zeitschrift "Krokodil". Sie hatte es nach ihrer Gründung im Jahre 1922 verhältnismäßig einfach, denn sie konnte alle Mißstände der Vergangenheit und den Konterrevolutionären ankreiden.

Seit Mitte der zwanziger Jahre arbeiteten die beiden satirischen Erzähler Ilja Ilf (aus einer jüdischen Familie Odessas kommend) und Eugen Petrow sowohl für das "Krokodil" wie für die "Prawda". Berühmt wurden sie 1930 durch ihren ironischsatirischen Roman "Zwölf Stühle". Sie verstanden es. die von ihnen verspotteten Personen ebenfalls als Überreste der Vergangenheit oder als NÖP- Raffkes (NÖP = Neue Ökonomische Politik, die Lenin eingeleitet hatte mit teilweiser Wiederzulassung von privatem Handel. Von Stalin beendet) lächerlich zu machen. Das paßte durchaus ins offizielle Schema. Der berühmte Schriftsteller Michail Soschtschenko wagte es, diese Grenze teilweise zu überschreiten. Wahrscheinlich ist er deswegen so berühmt geworden, Der Titel einer seiner Erzählungen "Schlaf schneller Genosse" wurde zum geflügelten Wort. M. Slonim urteilt, daß Soschtschenko in den dreißiger Jahren zur Ordnung gerufen wurde, weil sein Spott nicht nur den Menschen der Vergangenheit galt, sondern auch den in der Sowjetzeit aus dem Volk Aufgestiegenen.[6]

Immerhin war es in den zwanziger Jahren in der Sowjetunion noch möglich, irgendwie in humoristischer Form eine Kritik unterzubringen. Berühmt geworden sind seit der Zeit des Kriegskommunismus (1917-21) die beiden Zirkusclowns Bim und Bom. Fülöp-Miller[7] vermutet, man habe sie bewußt als eine Art von Hofnarren eingesetzt, um den Massen eine Art von Freiheit vorzugaukeln. Sie durften über die Mißstände lästern, allerdings durfte sich ihre Kritik immer nur gegen Details wenden. In der Bevölkerung verbreitete man ihre bissigen Witze, erfand neue dazu, die man ihnen in den Mund legte. Dann verschwanden sie, man sagte, sie seien verhaftet und erschossen worden. Und schließlich vergaß man sie.

1929 notierte der Historiker I. Schitz in seinem Tagebuch: "Die GPU hat offensichtlich rundherum angeordnet, Anekdoten, die die Sowjetmacht verunglimpfen zu verfolgen. Trotzdem nimmt diese Folklore nicht ab."[8] 1929 war jenes Jahr, da Stalin endgültig zum Alleinherrscher aufgestiegen war. Die Kollektivierung stürzte die Bauern ins Elend.

Ein Bauer steht mit seinem Sohn auf dem Roten Platz. Der Sohn fragt: "Wozu ist denn diese hohe Mauer?" - "Damit die Räuber nicht herüberklettern." - "Und von welcher Seite kommen sie?"

Es wird erzählt, daß sich bereits im Jahre 1920 im damaligen Petrograd (später Leningrad) die Väter der russischen Verbrecherwelt getroffen hätten und zum Ergebnis gekommen wären: "Jetzt sind die Unsrigen an die Macht gekommen. "Im stalinschen GULAG schufen sie eine Organisation der Berufsverbrecher, die sich damals "Blatnois" nannten. Heute kennt man sie unter dem Namen "Diebe im Gesetz" Sie schufen sich ihre eigenen Gesetze, Mitglied durfte nur werden, wer keine Kopeke durch ehrliche Arbeit verdiente, sie schufen sich eine eigene Sprache. Sie waren gleichzeitig Kinder und Gegner des Regimes. Aus ihrer Sprache stammt auch die Formel "Wegen der Zunge sitzen". Gemeint war damit die Aburteilung wegen einer antisowjetischen Äußerung, wegen eines Flüsterwitzes.

Lebensgefährliches Geflüster

Die Stalinzeit begann mit der Kollektivierung, der Industrialisierung, dann folgte die Säuberung und der Krieg. Als Stalin 1953 starb, blieb er als Tyrann in der Erinnerung der Menschen. Die Zeit der großen Lüge und des lebensgefährlichen Geflüsters brach mit Stalin an.

Das Krokodil verkündet ein Preisausschreiben für den besten Witz. Der erste Preis: 25 Jahre Lager. Trostpreise: Je zehn Jahre.

Der wohlgemeinte Rat vom Denken und Schweigen entstand damals, allerdings hat er Stalin überlebt.

"Denke nicht! Und wenn du schon denkst, dann sag es nicht! Und wenn du denkst und redest, dann schreib wenigstens nicht! Und wenn du denkst und schreibst, dann unterschreib es nicht! Und wenn du denkst, redest, schreibst und unterschreibst,- dann darfst du dich nicht wundern!"

Der Weißmeer-Ostseekanal wurde von Zwangsarbeitern angelegt.

Es gab die böse Frage, wer denn diesen Kanal gebaut hätte. "Das rechte Ufer haben Leute aufgeschüttet, die Flüsterwitze erzählt haben." - "Und das linke Ufer?" "Das haben diejenigen aufgeschüttet, die den Witzeerzählern zugehört haben und nicht rechtzeitig die Erzähler angezeigt haben."

Und:

Man sitzt zusammen und erzählt sich politische Witze. Auf einmal ertönt eine Stimme: "Genossen, bitte nicht so schnell, ich schreibe doch mit." Wundert sich einer: "Wie kannst du so schnell schreiben?" Antwort: "Ich schreibe ja nur die Namen auf."

Stalin hatte seine eigenen Vorstellungen vom Humor. M. Adrow berichtete viel später folgendes:

Zu Beginn der dreißiger Jahre empfing Stalin einfache Bürger. Auch ich hatte mich angemeldet. Wir warteten im Empfangsraum.

Plötzlich öffnete sich die Tür, heraus flog ein Mann mit fast grünem Gesicht. Auf zitternden Beinen entfloh er. Nach ihm kam auf weichen Stiefeln der Führer selber heraus. Er schaute auf die Versammelten und sagte leise: "Wie kann man mit solchen Leuten zusammenarbeiten? Was seid ihr für unbarmherzige Leute. Ihr seht doch, daß dem Mann übel ist. Und keiner hat ihm ein Glas Wasser gereicht. Geht! Heute gibt es keinen Empfang mehr."[9]

Im Jahre 1937, auf dem Höhepunkt der blutigen Säuberung, konnte N. Smirnow-Sokolski, Autor und Vortragskünstler satirischer Feuilletons, in Moskau auf der Bühne folgenden Witz erzählen (für den es in der Regel mindestens zehn Jahre gab):

Ich habe einen Brief von meinem Bruder aus der Provinz bekommen. Er fragt, wie wir in Moskau leben. Ich habe geantwortet: "Wir leben wie in Afrika. Wir laufen in Unterhosen herum und essen Bananen."

Damals gab es durch irgendeinen Umstand, Bananen in Moskau zu kaufen, aber nirgendwo gab es Stoff für Hosen. Später wurde Smirnow-Sokolski gefragt, ob er keine Angst gehabt hätte.

Dieser antwortete:

"Ich habe häufig an Veranstaltungen für Partei- und Staatsführer mitgewirkt und wurde anschließend auch zu den Empfängen eingeladen. Einmal rief mich Stalin persönlich zu sich und stellte mich irgendeinem Ausländer vor, klopfte mir auf die Schulter und sagt so laut, daß es alle hören konnten: 'Das ist mein Hofnarr!' Danach habe ich mir wer weiß was erlaubt. Ich habe alles gesagt, was ich sagen wollte. Keiner wagte mir gegenüber eine Bemerkung. Hatte mir doch der Vater aller Völker höchstpersönlich auf die Schulter geklopft."[10]

Die Grenzen für den offiziell erwünschten Humor waren jedoch in der Stalinzeit eng gezogen. Der allgemein beliebte Satiriker Soschtschenko mußte sich anpassen, schrieb im Krieg u.a. Partisanengeschichten.[11] Seine Gegner beschuldigten ihn, keine patriotischen Gefühle zu zeigen. Immerhin konnte er 1946 eine Volksausgabe in einer Auflage von 100 000 Exemplaren veröffentlichen. Darin war auch die Erzählung zu finden "Die Abenteuer eines Affen".[12] Die Folge war ein vernichtender ZK-Beschluß vom 14.8.1946. Darin war zu lesen, daß die Zeitschrift "Swesda" den "leeren, inhaltslosen und abgeschmackten Machwerken" Soschtschenkos "Platz eingeräumt hätte." Die letzte veröffentlichte Erzählung Soschtschenkos "Die Abenteuer eines Affen (Swesda Nr. 5/6/1946) ist eine gemeine Schmähschrift auf den sowjetischen Alltag und den Sowjetmenschen". Die Zeitschrift "Swesda" erhielt einen neuen Chefredakteur und Soschtschenko war bis zur Entstalinisierung zum Schweigen verdammt.[13]

Auch das "Krokodil", das sich brav in Kurzgeschichten, Karikaturen- weniger in Anekdoten und Witzen - um den gewünschten Humor bemüht hatte, wurde vom ZK nach dem Krieg gerüffelt. Dem ersten Rüffel vom September 1948 folgte ein weiterer im September 1951. Dort konnte man u.a. lesen:

"Oft werden im 'Krokodil' einzelne negative Erscheinungen als allgemeine Mängel in der Arbeit der staatlichen, gewerkschaftlichen und anderen Organisationen ausgegeben, wodurch die Leser eine falsche Vorstellung von der Arbeit dieser Organisationen erhalten..,"[14]

In einer Flüsteranekdote wurde die Verurteilung Soschtschenkos so geschildert:

Soschtschenko beschreibt eine Szene aus den Revolutionstagen. Lenin kommt zum Smolnij, dem Hauptquartier der Bolschewiki. Der Posten ordert von ihm einen Passierschein. Lenins Begleiter schreit den Soldaten an: "Kennst du denn Lenin nicht!". Lenin aber beschwichtigt, der Posten habe nur seine Pflicht getan. Eine Schriftstellerin aus Leningrad schrieb daraufhin an Stalin, Soschtschenko habe mit dem groben Begleiter Lenins Stalin gemeint. Daraufhin habe Soschtschenko Schreibverbot bekommen.

Nach Beendigung des Krieges leitete Stalin eine Kampagne gegen den "Zionismus" ein, - in Wirklichkeit war es reiner Antisemitismus. Als sich seine Tochter Swetlana in den jüdischen Filmemacher Alexej Kaplan verliebte, war Stalin wütend. Kaplan hatte u.a. die berühmten Filme "Lenin im Oktober" und "Lenin im Jahre 1918" gemacht. Kaplan wurde verhaftet und wegen "Verderbtheit, Verführung einer Minderjährigen und Verbreitung antisowjetischer Anekdoten" abgeurteilt. Nach Stalins Tod kam er wieder frei.

Die Kollektivierung hatte die Bauern ins Elend gestürzt.

Auf der Kolchosversammlung standen zwei Probleme auf der Tagesordnung: 1. Der Bau eines Kuhstalls, 2. Die Errichtung des Kommunismus. Ein Kolchosbauer steht auf: 'Die erste Frage können wir streichen, wir haben keine Bretter. Gehen wir also gleich zum 2. Problem über.'

In den Tschastuschkis klang die "Begeisterung" etwa so:

Im Ministerium hat man uns befohlen, sogar die Kälbchen zu melken. Wenn es das ZK befiehlt, melken wir sogar den Stier.

Kurz und treffend waren folgende Kurzwitze.

Die vier Hauptschwierigkeiten beim Aufbau des Sozialismus: Frühling, Sommer, Herbst und Winter.

Und:

"Was ist Kapitalismus? – "Die Ausbeutung des Menschen durch den Menschen!' – "Und was ist Kommunismus? - "Das Gegenteil!"

Oder:

Auf dem Basar möchte jemand eine Melone kaufen. Der Händler zeigt auf den Tisch und sagt:" Wähl aus "Da liegt aber nur eine und die ist angefault." "Na und, das ist wie bei den Wahlen."

Die Fünfjahrespläne preßten die letzte Kraft aus den Arbeitern heraus.

Ein Mann aus Minsk kommt nach Moskau, er ist völlig nackt. Man fragt ihn, ob er sich nicht schäme. Darauf erwidert er: "Dafür haben wir in Minsk den Fünfjahresplan in drei Jahren erfüllt."

Und:

Ein Arbeiter wird gefragt: "Was wirst du machen, wenn bis zum Ende der Welt nur noch drei Tage sind?" Antwort: "Dann erfüllen wir den Fünfjahresplan in den restlichen drei Tagen."

Natürlich war Stalin darum besorgt, daß seine Untertanen über ihr glückliches Leben informiert wurden.

Ein Agitator erzählt in einem Kolchos, wie herrlich jetzt sein Heimatdorf Iwanowo aussieht: Steinerne Häuser, Stahlkombinat, Kulturpalast, Sporthalle usw. Ein Zuhörer meldet sich: "Ich war vor einer Woche in Iwanowo. Was ich dort gesehen habe, waren windschiefe Hütten und eine staubige Straße, sonst nichts." Der Agitator ermahnt ihn:"Genosse, du solltest weniger reisen und dafür mehr Zeitung lesen."

Im Jahre 1934 ließ Stalin den "Sozialistischen Realismus" zur verbindlichen Richtschnur für alle Zweige der Kunst proklamieren. Sein Ziel war, die Werktätigen im Geiste des Sozialismus und im Vertrauen auf die lichte Zukunft erziehen. Der Ursprung des Sozialistischen Realismus wurde von den Spöttern so dargestellt:

Ein Herrscher, der nur ein Bein hatte und einäugig war, bestellte ein Porträt von sich. Der Maler machte ihm ein zweites Bein und ein zweites Auge. Der Herrscher fühlte sich verhöhnt und ließ den Maler umbringen. Der nächste Maler malte den Herrscher völlig lebensecht - mit einem Bein und einem Auge. Auch er verlor sein Leben. Der dritte Maler schließlich stellte den Herrscher auf einem Pferd sitzend dar - von der Seite her. So war nur ein Bein zu sehen und ein Auge, mit dem der Herrscher über Kimme und Korn eines Gewehrs zielte. Dieses Bild kam ins Nationalmuseum und wurde zum Ursprung des Sozialistischen Realismus.

Eine Anekdote versetzt Puschkin in die Stalinzeit.

Stalin läßt Puschkin rufen und fragt ihn nach seinen Wünschen. Puschkin beschwert sich darüber, daß ihm die Verleger das Leben schwer machen und Zeilen aus seinen Werken herausstreichen. Stalin ruft Berija an: "Hier ist bei mir Kamerad Puschkin, die Leuchte des Sozialistischen Realismus. Er beschwert sich über Verleger. Wäre es nicht eine gute Warnung, dreißig oder vierzig Verleger erschießen zu lassen!" Puschkin wehrt erschrocken ab. Stalin zuckt mit dem Schultern: "Ihr Künstler seid ein komisches Volk. Man möchte euch helfen und ihr laßt es nicht zu." Puschkin dankt und eilt davon. Stalin ruft erneut Berija an: "Puschkin ist gerade gegangen. Vielleicht informierst du D'Anthes (der Mann, der Puschkin im Duell getötet hat)."

Zum 100. Geburtstag Puschkins sollte ein Denkmal errichtet werden. Ein Wettbewerb wurde ausgeschrieben.

Preisvergabe: 3. Preis: Puschkin liest aus Werken Stalins; 2. Preis: Stalin liest aus Werken Puschkins; 1. Preis: Stalin liest aus eigenen Werken.

Stalins Kunstsinn wagte niemand zu widersprechen, ganz gleich ob es um den Abriß einer Kirche oder um den Neubau eines Hotels ging. Stalin ordnete an, daß im Herzen von Moskau ein Hotel "Moskau" errichtet werden sollte.

Man legte Stalin zwei Entwürfe für das geplante Hotel "Moskau" vor. Sie waren auf einem Bogen aufgezeichnet nur durch eine Linie getrennt. Stalin setzte seine Unterschrift genau auf die Linie. Niemand wagte zu fragen, man mengte beide Projekte zu einem zusammen und so entstand das Hotel-Monster am Roten Platz.

Ilja Ehrenburg hatte unter seinen Schriftstellerkollegen reichlich Feinde. Teils neidete man ihm wohl seine Erfolge, teils gefiel ihnen die jüdische Abstammung Ehrenburgs nicht.

Ehrenburgs Roman "Der Sturm" wurde im sowjetischen Schriftstellerverband diskutiert. Dutzende bezeichneten den Roman als "opportunistischen Mist". Ehrenburg blieb ganz ruhig, zog ein Papier aus der Tasche und sagte: "Ich möchte Ihnen ein Telegramm des Generalsekretärs Stalin vorlesen: "Gratuliere zu dem Roman. Stalin." - "Wir gratulieren auch", sagte der Vorsitzende des Verbandes. "Die Sitzung ist geschlossen."

Die Angst vor dem "da oben" zwang natürlich auch die Zeitungsleute zu größter Vorsicht.

Der Chefredakteur prüft vor dem Erscheinen einer Zentralzeitung noch einmal, ob auch alles in Ordnung ist. Er hält vorsichtshalber auch die einzelnen Seiten in die Höhe und entdeckt einen fürchterlichen Fehler. Auf der Titelseite ist Stalin abgebildet, auf der 2. Seite ein Arbeiter mit erhobener Faust. Wenn man die Seiten gegen das Licht hält.. dann befindet sich die Faust des Arbeiters unter der Nase Stalins. Die Seiten mußten neu umbrochen und gedruckt werden.

Die Zeitschrift "Ogonjok"(Nr.2/1962) berichtete in der Nach Stalinzeit, daß der Redakteur einer Lokalzeitung sich nicht einmal traute, ein Komma in einen aus einer Zentralzeitung abgedruckten Text einzufügen.

Die "Prawda" veröffentlichte das Foto eines Bestarbeiters mit einem entsprechenden Artikel. Doch verwechselte sie den Namen des Geehrten und nannte einen anderen. Der Betroffene sah sein Foto und den falschen Namen, ging zum örtlichen Parteibüro und bat darum, eine Korrektur zu verlangen. Der Parteisekretär weigerte sich: "Was in der 'Prawda' steht, ist richtig. Und du kannst einen Paß mit dem Namen aus der 'Prawda' bekommen."

In der zweiten Hälfte der dreißiger Jahre war ein Bild, das Stalin mit einem kleinen Mädchen aus Sowjetasien auf dem Arm zeigte, in der ganzen Sowjetunion verbreitet. Ferner gab es Gemälde, Skulpturen mit dieser Szene in Hülle und Fülle. Das paßte gut in die Verherrlichungstitel, die Stalin im Laufe der Jahre bekommen hatte. Es waren mehr als zwanzig, darunter: Großer Führer, Fortsetzer von Lenins Werk, Stratege der Revolution, Vater der Völker usw. usf. darunter auch Großer Freund der Kinder. Sehr viel später erzählte man sich vom Großen Freund der Kinder folgendes:

Stalin sprach auf einem Kongreß. Plötzlich lief ein kleines Mädchen herbei und überreichte ihm einen Blumenstrauß. Stalin nahm das Kind auf den Arm und lächelte in die Kameras. Dabei sagte er zu dem neben ihm stehenden Berija in georgischer Sprache: "Momaschore et tiliani". Die Kleine behielt die Worte im Gedächtnis, erfuhr aber erst viel später, was Stalin gesagt hatte: "Tu diese Lausige weg."

Was wirklich geschehen war und sich später noch anschloß, darüber hat der Journalist B. Medowoj Jahrzehnte später in der "Iswestija" (8.2.1995) berichtet. Im Winter 1936 fuhr der Volkskommissar für die Landwirtschaft Burjätiens, A. Markisow, mit einer Delegation nach Moskau. Er hatte mit sich seine kleine Tochter Engelsina (abgekürzt: Gelja). Während des Empfangs im Kreml lief Gelja, ohne dazu aufgefordert zu sein, mit einem Blumenstrauß zu Stalin. Der Redakteur der "Prawda", Mechlis, war begeistert davon und sagte: "Wir machen aus ihr ein lebendiges Symbol der glücklichen Kindheit". Ein Jahr darauf., im Dezember 1937, wurde die gesamte politische Führung Burjätiens im Rahmen der Säuberung als "Spione Japans", Schädlinge" verhaftet, darunter auch A. Markisow. In ihrer Verzweiflung schrieb Gelja an den

Großen Freund der Kinder in Moskau. Sie bekam keine Antwort. Ihr Vater wurde erschossen. Was sollte man nun mit den Plakaten, Bildern, Skulpturen machen, die Gelja auf dem Arm Stalins zeigten? Die Lösung wurde gefunden. An die Stelle des Namens Gelja Markisowa wurde der Namen Mamlakat Nachangowa gesetzt. Die dreizehnjährige Tadschikin wurde für ihre Leistungen beim Baumwollpflücken etwa zur gleichen Zeit von Stalin persönlich mit dem Leninorden ausgezeichnet. Auf den Arm konnte Stalin allerdings dieses stämmige Mädchen nicht nehmen, Engelsina Markisowa lebt in Moskau.

Die Bilder von "Volksfeinden" aufzubewahren, war während der Stalinzeit gefährlich. Ich habe als Kind Bücher von Sowjetbürgern in der Hand gehabt, in denen auf Gruppen-Fotografien zahlreiche Gesichter ausgestrichen waren. Der Prawda-Journalist Ryblin erzählte kürzlich:

Am Beginn der dreißiger Jahre ließ Stalin sich mit Journalisten fotografieren. Wenig später begannen die Prozesse und ich schnitt Jahr für Jahr die Portraits der Volksfeinde aus dem Gruppenbild aus. Schließlich waren nur noch ich selber und Stalin übrig. Nach dem Entstalinisierungsparteitag im Jahre 1956 schnitt ich dann auch Stalin heraus.

Die große Säuberung wurde eingeleitet mit dem Mord am Leningrader Parteisekretär Kirow. Er erhielt ein Staatsbegräbnis. Aber bereits damals vermutete man, Stalin habe die Ermordung arrangiert. In Leningrad sang man den Gassenhauer:

Paprika ist scharf,
Tomaten, die sind mild.
Und Stalin hat den Kirow
im Korridor gekillt.

Die bitteren Witze über den Terror kann man kaum noch zählen.

Das höchste Gebäude in Moskau ist die Lubjanka. Von dort aus kann man bis Sibirien schauen. - Ein Scherzbold fuhr in der Moskauer Straßenbahn. Er wollte den Kondukteur ärgern und sagte laut: "Bürger und Bürgerinnen, die Bahn fährt nur bis zur Lubjanka." Das brachte ihm zehn Jahre ein, er hat übrigens überlebt.

Und:

Sagt Iwan zu Nikolai: "Wie ist das Leben?" - "Wie soll es schon sein, wie im Autobus. Die eine Hälfte sitzt, die andere Hälfte schüttelt es."'

Die Säuberung fegte heute diesen, morgen jenen weg.

Drei Gulag -Insassen unterhalten sich. Fragt der Eine: "Warum sitzt du?" - "Ich habe 1935 über den Genossen Popow geschimpft." - "Und du?" - "Ich habe 1945 Popow gelobt." - Sagt der Dritte:" Ich bin Genosse Popow."

Auch die gefürchtete Geheimpolizei war verständlicherweise Zielscheibe von Witzen.

Ein berühmter Geiger kommt von einer Konzertreise aus dem Ausland zurück. Man feiert ihn gebührend. Ein Tschekist fragt ihn: "Wieso wollt ihr Geiger alle auf einer Stradivari spielen.?Was ist daran besonderes? "Der Geiger antwortet: "Auf einer Stradivari zu spielen das ist so, wie wenn ein Tschekist jemandem mit dem Revolver von Dserschinski (erster Chef der Tscheka) erschießt."

Und selbstverständlich tauchte immer wieder Stalin in denWitzen auf.

Stalin schaut sich eine Aufführung des "Othello" an. Er wird gefragt, wie ihm das Stück gefallen hat. "Recht gut", antwortet er, "dieser Jago ist ein guter Organisator."

Und:

Stalin vermißt seine Pfeife und läßt Berija rufen: "Kümmer dich doch mal darum." Nach einer Woche meldet Berija: "Im Zusammenhang mit dem Verschwinden der Pfeife wurde eine Verschwörung gegen dich aufgedeckt. Ich habe 400 Personen verhaften lassen, 350 sind bereits erschossen worden." - "Du warst ein wenig voreilig", sagte Stalin, "ich habe meine Pfeife wiedergefunden."

Stalin nahm nicht einmal seine engsten Mitarbeiter vom Terror aus.

Der Sekretär Stalins brachte ihm eines Tages eine Liste mit Personen, die erschossen werden sollten. Darunter war auch die Frau des Sekretärs. Dieser fiel

auf die Knie und bat um das Leben seiner Frau. Stalin winkte ab: "Ein Weib werden wir dir schon finden, es gibt genügend hübsche russische Frauen" und unterschrieb. Als der unglückliche Sekretär in seine Wohnung zurückkehrte, öffnete ihm eine junge Frau und sagte: "Ich bin deine neue Frau."

Nun stimmt es zwar nicht, daß die Ehefrau von Stalins Sekretär Poskrebyschew erschossen worden ist. Es stimmt aber, daß sowohl die Frau von Poskrebyschew, wie die des Staatspräsidenten Kalinin und die von Molotow mehrere Jahre in Zwangsarbeitslagern waren. Sie hatten ihre Zunge nicht im Zaum halten können und geglaubt, wegen der Position ihrer Männer könne ihnen nichts geschehen.

Als das Deutsche Reich die Sowjetunion überfiel, war das sowjetische Offizierskorps - vor allem in seinen höheren Rängen- durch die Säuberung dezimiert worden. Man holte eilends die noch Lebenden aus den Lagern.

"Kennen Sie die Struktur der deutschen Armee?" fragte Stalin einen General, den er gerade aus dem GULAG hatte holen lassen. "Nein, Genosse Stalin, ich habe ja im GULAG gearbeitet." - "Das nenne ich die richtige Zeit, um sich im Lager zu verstecken."

Aber auch während der Kriegsjahre ließ Stalin hohe Offiziere und Generäle erschießen.

In den ersten Kriegstagen läßt Stalin eine Reihe von Generälen in den Kreml kommen. Im Vorbeigehen sagt er zu einem "Nanu, ich dachte, Sie wären liquidiert worden." Der General darf gehen, erwartete jedoch, daß er jeden Augenblick verhaftet wird. 1943, als sich das Kriegsglück wendete, wurden wieder Generäle zu Stalin befohlen. Stalin erkennt den General wieder und fragt erstaunt: "Der ist auch noch am Leben?" Auch diesmal geschieht dem General nichts. Und dann kommt das Kriegsende. Stalin feiert den Sieg im Kreis seiner Generale, erkennt erneut den General, den er in Angst und Schrecken versetzt hatte, klopft ihm auf die Schulter und sagt: "Sie und ich haben selbst in den harten Kriegsjahren unseren Humor nicht verloren."

Dieser Humor war auch auf der Konferenz von Jalta festzustellen. Es wird in einer Anekdote erzählt.

Bei den Verhandlungen von Jalta schlug Stalin vor, 50 000 Menschen zu erschießen, um ein Problem der Nachkriegsregelung in Europa zu lösen. Roosevelt erwiderte scherzend, daß auch 49 000 genügen könnten. Churchill stand auf und verließ empört den Raum. "Er versteht keinen Spaß", seufzte Stalin.

Ein Flüsterwitzkaus jenen Jahren, der über ein Treffen von Roosevelt und Stalin berichtet, bezog sich auf die "eigenen" Bürger der Staaten.

Stalin und Roosevelt treffen einander. Stalin will zeigen, daß seine Soldaten ihm absolut ergeben sind. Roosevelt will nicht zurückstehen und befiehlt einem amerikanischen Soldaten; "Spring da den Abgrund herunter!" - "Ich kann nicht, ich habe Frau und Kinder!" - "Na gut, Befehl zurück!" Stalin befiehlt einem sowjetischen Soldaten: "Spring den Abgrund hinunter!" Der gehorcht und springt. Roosevelt fragt: "Warum ist der gesprungen?" - "Na, er hat doch Frau und Kinder und noch dazu alte Eltern."

Nach Kriegsende herrschte in der Sowjetunion Elend und Not. Eine Tschastuschka lautete:

Es ist für uns eine Schande gegenüber ganz Europa. daß wir 30 Jahre lang einen Arsch geleckt haben, noch dazu einen falschen. Aber wir geben nicht auf, wir schauen tapfer in die Zukunft. Unsere liebe Partei wird uns einen anderen aussuchen.

Nachdem während des Krieges des Sowjetpatriotismus in einen sowjetrussischen Patriotismus umfunktioniert worden war, gab die Propaganda das Signal, daß alle großen Erfindungen des 20. Jahrhunderts Russen zuzuschreiben seien. Radio und Flugzeug usw. waren alles russische Beiträge zur Wissenschaft und Technik.

"Hast du schon gehört, daß Iwan Petrow ein Denkmal erhält?" "Wofür denn?" - "Er ist der Erfinder der russischen Erfinder."

Und selbstverständlich übertrafen die russischen Errungenschaften die in der übrigen Welt.

Der russische Zwerg ist der größte auf der Welt. Um einen Kopf größer als die amerikanischen Zwerge.- Die russische Syphilis ist die progressivste auf der Welt.

Nach Kriegsende wurden die Verfolgungen von Völkern und Personen wieder aufgenommen. Auch einstige Sowjetgrößen wie N. Wosnesenski wurden erschossen. Von der Leningrader Parteiorganisation fielen 200 Personen dem Massaker zum Opfer. Dann folgte 1952 die Verhaftung von Ärzten, denen vorgeworfen wurde. die sowjetische Führungsspitze durch falsche Behandlung umzubringen. Die meisten darunter waren Juden. Man befürchtete eine allgemeine Judenverfolgung. Damals ging in Moskau das Gerücht um, die jüdischen "Mörderärzte" würden öffentlich auf dem Roten Platz erhängt werden. Und danach würde man die Juden aus Moskau vertreiben. Nach ihrer Vertreibung würde es auch den ärmeren Sowjetbürgern besser gehen, die bis dahin von den Juden ausgesaugt worden seien. Diejenigen, die mit den Methoden des KGB vertraut waren, meinten, dieses Gerücht sei vom KGB ausgestreut worden, um den Haß gegen die Juden anzustacheln. Bald nach Stalins Tod wurden die Ärzte rehabilitiert und - soweit sie die Verhöre überlebt hatten - entlassen. Jene Ärztin, die durch ihre Denunziation ihre Kollegen ins Gefängnis gebracht hatte, mußte den Lenin-Orden wieder abliefern, den sie für die Anzeige erhalten hatte.

Ein Moskauer Taxifahrer erzählte folgende Version vom Tode Stalins:

Stalin wollte alle Juden aus dem Lande verjagen. Das wäre für uns ein Glück gewesen. Um sie zu retten, verkuppelte Kaganowitsch (ein Jude) seine Schwester mit Stalin. Und sie hat ihn umgebracht, indem sie alle Teppiche in seinem Haus vergiftete.

Am 5.3.1953 starb Stalin. Der Schriftsteller J. Brodskij, der Jahrzehnte später den Nobelpreis erhalten hat, sagte: "Ich zweifle, daß es auf der Welt einen Mörder gegeben hat, der so beweint worden ist. "Ein anderer erinnert sich:

Als Stalin starb, befahl die Direktorin unserer Schule, daß alle Kinder niederknien und vor Stalins Bild weinen sollten. Diejenigen, denen das nicht gelang, bekamen eine Kopfnuß.

Und bald darauf - unter Chruschtschow - entfalteten sich die Witze über den verstorbenen Diktator wie ein Distelstrauch.

Stalin hält eine Rede. Jemand hustet. Stalin fragt: "Wer war das?" Niemand meldet sich. Stalin läßt die erste Reihe der Zuhörer erschießen. "Ich wiederhole meine Frage: Wer hat gehustet? "Niemand meldet sich. Die zweite Reihe wird erschossen. Stalin fragt wieder: "Wer hat gehustet?" - "Ich war es" schlottert eine Stimme. "Zu Gesundheit", sagt Stalin.

"Tauwetter"-Witze

Für die inzwischen bereits älteren Bürger Rußlands waren einst die Jahre Chruschtschows (1953-1964) so etwas wie "Goldene Jahre". Ehrenburg veröffentlichte in den Jahren 1954 - 1956 seinen Roman "Tauwetter". Der Roman war sicherlich keine literarische Spitzenleistung, aber er durchbrach das Schema des "Sozialistischen Realismus". Und das war damals nur möglich., wenn es von oben genehmigt worden war. Dann folgte seit 1956 die berühmte "Entstalinisierung", eingeleitet durch Chruschtschows Geheimrede auf dem 20. Parteitag der KPdSU. Im Rückblick stößt man auf Behauptungen, damit seien alle Drohungen und Aburteilungen z.B. wegen des Erzählens von Witzen, Anekdoten, Gerüchten fortgefallen. Doch so einfach war die Situation nicht. Sie war - wie so oft im Leben der Sowjetunion - sozusagen mehrgleisig. Chruschtschow selber war ein eifriger Witzeerzähler, und Witzesammler. Das bedeutete jedoch noch lange nicht, daß der gewöhnliche Bürger sich dasselbe erlauben durfte wie die privilegierte Nomenklatura.

Was ist eine Kurzanekdote?" - "Das ist eine Anekdote, für die man früher zehn Jahre bekam, jetzt aber eine kürzere Frist."

Wahrscheinlich stammte die Nummerierung von Witzen aus dem Westen. In der Sowjetunion soll es sie auch gegeben haben, jedoch als Vorsichtsmaßnahme: "Kennst du schon den Witz 252?" Auf die Dauer, so heißt es, hätten jedoch die "Anekdotenjäger" auch gelernt, was sich hinter einer Zahl verbarg. Das mag ein Gerücht gewesen sein, aber es verbreitete Angst. Jedenfalls wuchs die Anzahl der weitergeflüsterten Witze, Anekdoten und Gerüchte nach Stalins Tod erheblich an, vor allem nach der Entlassung der Ärzte und der Hinrichtung Berijas. Das berühmte "Radio Jerewan" wurde Sammelnamen für den gesamten Bereich das schwarzen Humors, Als Ende der sechziger/Anfang der siebziger Jahre in Moskau ein Treffen der Rundfunk- und Fernsehleute stattfand, teilte der Vorsitzende das Wort dem Vertreter des armenischen Rundfunks/Radio Jerewan zu. Darauf erhob sich im Saal ein nicht enden wollendes Gelächter, weil jeder unter dieser Bezeichnung inzwischen nur noch den schwarzen Humor verstand. Hinzukam, daß die ausländischen Sender, die in die Sowjetunion Sendungen ausstrahlten, das Informationsmonopol von Staat und Partei durchbrachen. Auch die Störsender konnten sie nicht völlig unverständlich machen.

Auch die Postzensur reichte nicht mehr aus. Unter westlichen Journalisten wurde damals folgender Witz erzählt, der bald allgemein in Umlauf kam:

Ein ausländischer Journalist schreibt an seine Redaktion: "Mehr kann ich hierüber nicht schreiben, da die Post zensiert wird." Er erhält den Brief mit dem Vermerk zurück "Nicht weitergeleitet wegen verleumderischer Behauptungen. In der Sowjetunion gibt es keine Zensur."

Der durchschnittliche Sowjetbürger informierte sich aus den offiziellen Medien, hörte vielleicht auch die Sendungen der Redaktion "Satire und Humor" von Radio Moskau. Gleichzeitig konnte er jeden Tag feststellen, daß der Großteil der Propaganda nicht stimmte.

Die Besonderheiten des Sowjetmenschen: Er sagt das eine, denkt etwas anderes und tut wieder etwas anderes und verfügt über einen sechsten Sinn "tiefer Befriedigung".

Inzwischen durften auch handverlesene Sowjetbürger ins kapitalistische Ausland reisen, natürlich nach eindringlicher Schulung und Verwarnung.

Eine sowjetische Touristengruppe durfte Dänemark besuchen. Nach ihrer Rückkehr werden sie befragt: "Na, wie leben die Menschen dort?" - "Sie müssen furchtbar arm sein. Wir haben lauter Geschäfte gesehen, deren Schaufenster voll mit Waren gewesen sind und vor keinem der Geschäfte war eine Schlange. Sie haben offensichtlich kein Geld, um die Waren zu kaufen."

Und:

Ein Sowjetbürger kehrt aus dem Ausland zurück und berichtet über den sittlichen Verfall, die Korruption und Ausbeutung: "Man riecht förmlich, wie das System verfault". Dann fährt er mit einem glücklichen Lächeln fort: "Aber, was ist das für ein Duft!"

Natürlich wußte jeder, der als Privilegierter ins kapitalistische Ausland reisen durfte, daß in der Gruppe wenigstens ein Spitzel des KGB mitreiste.

Eine sowjetische Touristengruppe kommt nach Paris. Ihr Reiseleiter bringt ihnen ein paar französische Redewendungen bei "Guten Tag", "Danke" usw. Einer der Touristen fragt: "Können Sie mir auch sagen, was auf französisch heißt: 'Ich bitte um politisches Asyl'?" Sofort eilt ein Mann aus der Gruppe zu ihm und will wissen:"Wozu willst du das wissen?" - "Ich wollte nur wissen, wer der Spitzel in unserer Gruppe ist."

Natürlich wanderten auch entsprechende Witze zwischen den sozialistischen Bruderstaaten hin und her. Der folgende wurde auch in Ost-Berlin und in Budapest erzählt:

"Stimmt es, daß jetzt weniger Betten hergestellt werden?". "Im Prinzip ja. Die Intelligenz ist auf Rosen gebettet, die Helden der Arbeiter ruhen auf Lorbeeren. Die Soldaten halten Friedenswacht. Der Klassenfeind schläft nicht und der Rest sitzt."

Radio Jerewan war eine Verhöhnung auf die Rubrik in den Zeitungen gewesen "Antwort auf die Fragen der Werktätigen". Es war, wie bereits erwähnt, auch nach 1953 nicht gefahrlos, schwarzen Humor zu verbreiten.

Frage an Radio Jerewan: "Trifft es zu, daß der Mann, der die Witze über Radio Jerewan verbreitet, in Jerewan sitzt?" Antwort: "Das stimmt genau. Er sitzt!"

Und:

Frage an Radio Jerewan: "Wieso wird in der Sowjetunion die Scheidung so erschwert? Wir sind doch ein fortschrittliches Land?" - Antwort: "Wozu eine Scheidung? Eine Frau, die von ihrem Mann loskommen will, braucht nur zum KGB zu gehen und ein paar Witze zu erzählen, die sie von ihm gehört hat."

Die berühmte Geheimrede Chruschtschows auf dem 20. Parteitag im Jahre 1956 könnte man mit etwas bösem Willen auch zum Geflüster hinzuzählen. Denn sie wurde damals nirgendwo abgedruckt. In Parteiversammlungen wurde sie vorgelesen, das von Moskau zugesandte Exemplar der Rede sollte danach vernichtet werden. Man konnte also über die Rede berichten, aber niemandem beweisen, was sie enthielt. Denn es gab sie ja nicht gedruckt.

Nach seiner Rede über den Personenkult Stalins auf dem 20. Parteitag, bekam Chruschtschow einen Zettel zugeschoben: "Wo waren Sie, als Stalin lebte? Und was haben Sie gesagt?" Chruschtschow fragte: "Wer hat den Zettel geschrieben?" Niemand meldete sich. Darauf Chruschtschow: "Ich habe es so gemacht wie der Zettelschreiber."

Nachher wurde erzählt, Chruschtschow habe vor seiner Rede das Mausoleum aufgesucht und Stalins Puls gefühlt. Danach wurden Bilder übermalt, auf denen Stalin zusammen mit Lenin zu sehen war. Eine Skulptur stellte Lenin dar, wie er seinen Arm um Stalin legt. Stalin wurde entfernt.

Im Lager. " Weswegen hat man dich eingesperrt?" - "Wegen eines einzigen Wortes?" - "Wieso?" - "In meinem Zimmer hingen zwei Porträts, eines von Stalin, eines von Chruschtschow. Der Parteifritze kam zu mir, schaute auf die Bilder und sagte: "Häng diesen Schuft ab!" - Ich habe gefragt: "Welchen? Darum sitze ich."

Vielleicht hatte der Häftling die Geschichte im Kopf, daß Stalin seinen Nachfolgern drei Rezepte zur Rettung des Regimes nach seinem Tode hinterlassen hätte.

Erster Rat Stalins: Gebt euch sofort demokratisch und liberal, macht viele Versprechungen.

Zweiter Rat: Reicht das nicht, dann schiebt mir alle Schuld zu.

Dritter Rat: Wenn das nichts nützt, macht es wieder so wie ich es gemacht habe.

Chruschtschows Enstalinisierung machte Fortschritte. Stalins Leiche wurde aus dem Mausoleum entfernt, Solschenizyn konnte seiner Lagererzählung "Ein Tag im Leben des Iwan Denissowitsch" veröffentlichen. Die "Prawda" druckte Jewtuschenkos Gedicht ab, in dem er forderte, Wachen am Grabe Stalins aufzustellen, damit er nicht wieder auferstehen könne. Schließlich wurden auch zahlreiche Opfer des stalinschen Terrors rehabilitiert.

Die Christen glauben an ein Leben nach dem Tod. Die Kommunisten glauben an eine Rehabilitierung nach dem Tod.

Doch nicht alle Sowjetbürger waren mit Chruschtschow und seiner Führungsriege einverstanden. Von der Kulturministerin sagte man, sie sei ungebildet und sei aus

Beweis für Lenins Worte Kulturministerin geworden: "Bei uns kann jede Köchin den Staat lenken."

Eine Ausstellung in Moskau. Die Kontrolle verlangt die Eintrittskarte von Picasso. Der sagt: "Ich bin Picasso." "Beweisen Sie es!" - Picasso zeichnet eine Friedenstaube und darf eintreten. Die Kulturministerin Furzewa hat ebenfalls keine Eintrittskarte. Die Kontrolle hält sie an. "Ich bin die Kulturministerin!" - "Beweisen Sie es, gerade hat Picasso sich mit seiner Friedenstaube ausgewiesen." - Die Furzewa: "Wer ist Picasso?" "Sie können eintreten, Genossin Furzewa."

Der folgende Witz ist keineswegs taufrisch, paßte aber wohl in die damalige politische Landschaft.

Frage an Radio Jerewan: "Was ist der Unterschied zwischen einem Unglück und einer Katastrophe?" Antwort: "Wenn eine Ziege im Teich ertrinkt, dann ist das ein Unglück, aber im Prinzip keine Katastrophe. Wenn ein Flugzeug mit dem gesamten Politbüro an Bord abstürzt, so ist das eine Katastrophe, aber im Prinzip kein Unglück."

Die verschiedenen Bemühungen Chruschtschows, endlich die Erträge der Landwirtschaft zu steigern und insgesamt Amerika zu überholen, blieben ohne Erfolg. Eine Flut von höhnischen Witzen wanderte durch die Sowjetunion.

Der Lehrer fragt in der Schule, was sie über die USA wüßten. Es kommen die richtigen Antworten: Ausbeutung, Arbeitslosigkeit, Verfolgung der Neger, Kriegstreiberei usw. "Und, was ist das Ziel der Sowjetunion?" - "Amerika einholen und überholen."

Und:

Chruschtschow besucht einen Kindergarten. Die Lehrerin kennt die richtigen Antworten: "In der Sowjetunion sind die Kinder am glücklichsten, werden umsorgt und mit Liebe umhegt usw." Plötzlich bricht ein Mädchen in Tränen aus: "Ich möchte so gerne in die Sowjetunion."

Eines der Hauptthemen des schwarzen Humors war die Lebensmittelversorgung.

Frage an Radio Jerewan: "Im Radio höre ich, daß wir alle Lebensmittel im Oberfluß haben. Aber mein Kühlschrank ist ständig leer." Antwort: "Sie müssen den Stecker vom Kühlschrank in die Radio-Steckdose stecken."

Und:

Frage an Radio Jerewan: "Wir werden wir im vollendeten Kommunismus leben?" Antwort: "Lebensmittel, Textilien, Schuhe werden ganz billig sein. Es werden Zustände herrschen wie zur Zarenzeit."

Die Schuld daran wird Chruschtschow und seiner Mannschaft angekreidet.

Chruschtschow wurde zu seinem 70. Geburtstag der vierte Leninorden verliehen, weil er ein Wunder vollbracht hat. Er hat Weizen in Kasachstan gesät und in Nordamerika geerntet.

Oder:

Ein Sowjetbürger schreibt ans Politbüro: "Da ich meinen Beitrag zur Erfüllung des Versorgungsprogramms für die Bevölkerung leisten möchte, bitte ich, mich gegen einen Sack kanadischen Weizen einzutauschen."

Oder:

"Warum können Kanada und die USA eine solche gewaltige Menge an Weizen verkaufen?" - " Das ist ein typisches Beispiel für kapitalistische Mißwirtschaft-die Oberproduktion."

Der Ausblick auf die Zukunft war auch nicht rosig. Da herrschte zum einen die Befürchtung, daß die Sowjetmenschen wohl nicht die entsprechenden Qualitäten hätten.

Frage an Radio Jerewan: "Ist ein hundertprozentiger Kommunist auch ein hundertprozentig guter Mensch?" Antwort: "Im Prinzip ja. Aber gibt es bei uns überhaupt einen hundertprozentigen Kommunisten?"

Oder:

Zwei sowjetische Männer und eine Frau stranden auf einer einsamen Insel. Nach Wochen werden die beiden Männer gefunden. Sie sitzen im Gras, schwat-

zen und trinken. Man fragt sie, wo denn die Frau geblieben sei. Antwort: "Die Massen sind auf dem Feld und arbeiten."

Wie soll da schon die Zukunft aussehen.

Frage an Radio Jerewan: "Wenn der Kommunismus bei uns verwirklicht ist, wird es dann noch Geld geben?" - Antwort: "Im Prinzip ja. Die einen werden Geld haben, die anderen aber nicht."

Oder:

"Wird es im Kommunismus noch Diebstahl geben?" "Nur dann, wenn es noch nicht gelungen ist, zur Zeit des Sozialismus alles zu klauen."

Auch für Länder, die sich dem russischen Vorbild anschließen, war die Prognose ungünstig.

"Wie wird die Entwicklung zum Sozialismus in der Sahara ablaufen, wenn diese zu Rußland kommt?" "Anfangs ganz normal und dann beginnt ein Defizit an Sand."

In die Zeit Chruschtschows fiel der Weltraumflug Gagarins. Die sowjetische Propaganda verkündete dies als Beweis für die Überlegenheit des sozialistischen Systems. Die Miesmacher im Lande sahen das anders.

"Bald wird jeder in der Sowjetunion seine eigene Flugmaschine haben." - "Das ist wirklich eine Errungenschaft. Wenn es dann in unserem Ort keine Wurst gibt, kann ich nach Moskau zum Einkauf fliegen."

Auch die heldenhaften Kosmonauten wurden nicht verschont.

"Stell die vor, da ist ein sowjetischer Kosmonaut 64mal um die Erde geflogen. Und wo landet der Dussel - in der Sowjetunion."

In Odessa wurde folgender Witz erzählt, der dann auch nach Israel exportiert wurde:

Ein Abgeordneter macht den Vorschlag, den USA den Krieg zu erklären. Seine Begründung: "Hitler hat den USA den Krieg erklärt, ist besiegt worden. Und wie leben die Deutschen jetzt - besser als wir!" - Andere widersprechen: "Und was ist, wenn wir siegen sollten?"

Vergessen ist inzwischen, daß Chruschtschow im Jahre 1958 mit einer neuen Drangsalierungswelle der Religionsgemeinschaften begann. Religion, so meinte er, würde die Formung des "neuen Menschen", des "Sowjetmenschen" behindern.

Ministerpräsident Kossygin sollte mit dem Papst ein Konkordat aushandeln, um das Ansehen der Sowjetunion international aufzupolieren. Doch kam man über den ersten Satz nicht heraus. Der Papst verlangte, daß er lautete: "Gott hat den Menschen erschaffen." Kossygin forderte den Zusatz: "Unter Anleitung der Partei."

Jeder Bürger, der irgendein Interesse an der Religion zeigte, hatte schlechte Karten.

Das Ortskomitee der Partei erhält einen anonymen Brief. Darin steht, daß der Partorg einer Fabrik (der Hauptverantwortliche der Partei in einem Betrieb), sich jedesmal bekreuzige, wenn er das Haus verlasse, um zur Arbeit zu gehen. Der Parteiinstrukteur des Kreises läßt ihn kommen und fragt, ob das stimme. Der Partorg wedelt ab: "Was wollen Sie, was hat das mit Gott zu tun? Das ist ganz einfach, wenn ich zur Arbeit gehe, kontrolliere ich: Sitzt die Mütze richtig, sitzt die Hose.. habe ich in der rechten Tasche die Fahrkarte, den Parteiausweis in der linken?!"

Einige Zeit lang hat Chruschtschow wegen der Proklamierung der "Friedlichen Koexistenz" im Westen hohes Ansehen genossen. Die Niederschlagung des ungarischen Aufstandes(1956) zerstreute den Glauben an die "Friedliche Koexistenz":

"Was ist ein Panzer?" - "Das ist eine Fahrzeug zur schnellen Verwirklichung brüderlicher Hilfe."

Ende der fünfziger Jahre tauchte ein Witz auf über den ungewollten, zufälligen Ausbruch eines Atomkrieges. Es gibt eine Vermutung, dieser Witz sei aus propagandistischen Gründen verbreitet worden, um die kapitalistischen Staaten zu warnen. Tatsächlich führte ja die Cuba-Krise die Welt an den Abgrund eines atomaren Krieges.

In der sowjetischen Atomzentrale ist ein Gefreiter eingeschlafen und hat dabei versehentlich mit dem Ellbogen einen Knopf berührt. Kurz darauf stürzt ein General herein. Der Gefreite meldet: "Keine besonderen Vorkommnisse!" Der General tobt: "Was heißt hier, keine besonderen Vorkommnisse! Daß es keine

Niederlande (in einer anderen Version: kein Belgien) mehr gibt, das können wir verkraften. Aber, daß hier keine Disziplin mehr herrscht, ist eine Sauerei."

Nach der Cuba-Krise (1962/63) verflüchtigte sich das Vertrauen zur Außenpolitik Chruschtschows.

Kennedy wurde 1963 ermordet. Mikojan berichtet Chruschtschow und fragt: "Sollten wir diesen großen Mann nicht an der Kremlmauer beisetzen?" - Chruschtschow ist dagegen: "Du bist wohl verrückt. Haben wir ihn denn umgebracht!?"

1961 kam es zum Bruch mit der Volksrepublik China. Dies war auch einer der Gründe dafür, daß Chruschtschow 1964 in den Ruhestand getreten wurde.

Frage an Radio Jerewan: "Sind die Chinesen unsere Feinde?" Antwort: "Im Prinzip nein, sie sind sozialistische Brüder. Wenn sie aber weiter von Mao so aufgehetzt werden, müssen wir sie vielleicht eines Tages vernichten."

Ein Sowjetbürger erhält regelmäßig aus Israel Päckchen. Er wird zum KGB gerufen:

"Schämst du dich denn nicht, von einem Jidden Geschenke zu bekommen?" - "Ich habe ihn während der deutschen Besatzung in meinem Keller versteckt." - "Du solltest an deine Zukunft denken!" - "Das tue ich auch, zur Zeit verstecke ich einen Chinesen."

"Stillstands"-Geflüster

Die Jahre unter Breschnew, Andropow, Tschernenko werden im Danach-Rußland als Zeit des Stillstandes, der Stagnation bezeichnet. Die Entstalinisierung wurde eingestellt, die Verfolgung Andersdenkender wieder aufgenommen. Die Versorgungskrise hielt an. Die Außenpolitik rasselte mit den Waffen. Kurz die ganze Verlogenheit des Systems lebte wieder auf, auch wenn man nicht in den stalinschen Terror zurückfiel. Radio Jerewan lebte weiter. Und wiederum war es nur die Nomenklatura, die sich ungefährdet Witze erzählen konnte. Zwar gab es keine zehn Jahre mehr für die Erzähler, auch hat Breschnew sicher nicht 2 1/2 Lager mit Witzeerzählern gefüllt, wie es geflüstert wurde. Aber der Volksspott "Witze 3/2" traf wohl das Richtige: Wer Witze erzählte, bekam drei Jahre, wer sie unwidersprochen anhörte, zwei Jahre. Besondere Angst hatten die Machthaber vor allem vor Gerüchten, deren Ursprung sie im kapitalistischen Ausland vermuteten. Der Kandidat der Wissenschaften M. Dschalalow schreibt in seinem Artikel "Die Rolle der Massenmedien bei der Formung der gesellschaftlichen Meinung": "Die Organisatoren der bourgeoisen Propaganda für die sozialistischen Länder benützen ständig 'sensationelle' Berichte, verbreiten Gerüchte und erfundene Geschichten. Sie sind bemüht, Mißtrauen gegenüber den offiziellen Informationsquellen hervorzurufen..."[15]

Derselbe Dschalalow bringt in seinem Artikel ein treffliches Beispiel für das Mißtrauen von Sowjetbürgern gegenüber den offiziellen Medien: 1966 verwüstete ein gewaltiges Erdbeben Taschkent. Die Medien versicherten der Bevölkerung, unter der Stadt gebe es aber keinen Hohlraum, wie in Gerüchten erzählt wurde. Nachdem diese offizielle Versicherung mehrfach wiederholt wurde, wurde sie von der Bevölkerung als Bestätigung gedeutet: Wenn das so oft offiziell behauptet wird, dann ist etwas dran.

Ein amerikanischer Wissenschaftler kommt nach Moskau und fragt einen Kollegen, was er über die Vorgänge in Vietnam, im Vorderen Osten denke. Der antwortet ihm mit Zitaten aus der "Prawda" und "Iswestija".

Dem Amerikaner reißt der Geduldsfaden: "Was in der "Prawda' und "Iswestija" steht, weiß ich selber. Was aber ist Ihre Meinung?" "Ich weiß es nicht", sagt der Russe kleinlaut. "Ich glaube, ich bin anderer Meinung als ich." [16]

L. Wladimirow war sowjetischer Journalist gewesen. Er berichtet, daß zur Breschnewzeit die Journalisten die eifrigsten Witzeerzähler waren. Traf man sich im "Haus des Journalisten ", so begann man immer mit der Erzählung neuer Witze. Man nannte sie "Chochmy" ("Chochme" ist eine jüdische Bezeichnung für Witz oder Scherz).[17] Er behauptet, neun von zehn sowjetischen Journalisten seien erbost darüber gewesen, daß man sie ständig zur Lüge zwinge. Aus ihrem Kreis stammt folgender Flüsterwitz:

Im Cafe. Ein Besucher sagt zum Kellner: "Eine Tasse Kaffee und eine kommunistische Zeitung." Der Kellner: "Den Kaffee bringe ich sofort, kommunistische Zeitungen haben wir hier nicht." Der Besucher wiederholt: "Eine Tasse Kaffee und eine kommunistische Zeitung." Der Kellner ist verärgert: "Wir haben keine kommunistischen Zeitungen. Ich wiederhole es noch einmal!". - "Ach, wiederholen Sie es noch ein paarmal..."

Wie aber verhielt sich der Normalbürger? Zum Zeichen des "Protestes" blieb im oft nur "fig w karmane". Man steckt seinen Daumen zwischen den zweiten und dritten Finger der geschlossenen Faust und schiebt die Hand in die Hosentasche. "Fig w karmane" kann man mit "Arschloch" oder "Vollidiot" übersetzen. Der Protest landet in der Tasche.

Die Polemik gegen Stalin verschwand, allerdings wurde er nicht wieder ins Mausoleum befördert. Und die Verherrlichung Lenins war von Chruschtschow nie unterbrochen worden. Als der italienische Journalist G. Josca in einem Artikel für die "Corriere della Sera" über eine Leninstatue schrieb, die Hand Lenins sehe aus, als ob er nach einem Taxi winke (damals waren Taxis Mangelware) wurde er aus der Sowjetunion herausgeekelt (1973).

Der Ehemann kehrt überraschend von einer Komandirowka nach Hause zurück. Seine Frau liegt mit einem älteren Herrn im Ehebett. Der Mann tobt: "Wie kannst Du mit einem solchen Zittergreis ins Bett gehen!".- Sie entschuldigt sich: "Aber er hat Lenin noch gesehen."

Unter Breschnew verkam die Nomenklatura endgültig zu einer raffgierigen und skrupellosen Kleptokratie. Die Berichte über seinen Schwiegersohn Tschurbanow und seine Tochter Galina, die u.a. Brillanten sammelte, kamen erst während der Perestroika ans Tageslicht.

"Was ist Kaviar?" - "Das ist eine Delikatesse, die die Arbeiterklasse, vertreten durch ihre Repräsentanten, konsumiert."

Und:

In einem Moskauer Lokal speist ein sowjetischer Bonze mit einer schicken Begleiterin standesgemäß: Kaviar, Sekt, Lachs. Vor der Tür des Lokals bildet sich eine Schlange. Man läßt die Menschen nicht ein, obwohl genügend Tische frei sind. Der vornehme Gast fragt den Ober: "Was ist los? Warum lassen Sie die Leute nicht herein?" -Der Ober klärt ihn auf: "Stellen Sie sich vor, die wollen nur mit Rubeln bezahlen."
In dieser Welt spielten Beziehungen eine entscheidende Rolle.

Eine Frau braucht eine Wohnung. Das Wohnungsamt wimmelt sie ab. Daraufhin schreibt sie ein Zettelchen an den Büroleiter: "Ich bitte um ein persönliches Gespräch. Wir haben vor ein paar Wochen miteinander geschlafen." Der Büroleiter läßt sie kommen und fragt, wann das denn gewesen sei. Die junge Frau antwortet: "Wir waren zusammen auf der Parteiversammlung und sind dort eingeschlafen."

Bei diesem Witz muß man sozusagen innerlich eine Verbindung zu Breschnew herstellen, der wegen seiner Redeweise und seiner Senilität in unzähligen Witzen verspottet wurde. Seine Ordenssucht war sprichwörtlich.

Breschnew macht einen Waldspaziergang und verirrt sich. Vergeblich sucht man ihn tagelang. Endlich wird ein Spur gefunden. Ein Bär hat ihn aufgefressen und scheißt danach nur noch Orden.

Die Witze über seine Senilität sind so zahlreich, daß man sie wie eine Kette aneinanderreihen könnte.

Breschnew läßt seinen Sekretär kommen: "Ich brauche eine kurze Rede, so etwa 1 1/2 Seiten lang." Als er die Rede abliest, vergeht fast eine Stunde. Breschnew läßt den Sekretär kommen und beschimpft ihn. Der rechtfertigt sich: "Genosse Generalsekretär, Sie haben auch die Durchschläge vorgelesen."

Oder:

Breschnew wird die Liste derjenigen vorgelegt, die mit staatlicher Genehmigung Rabbiner an der Moskauer Synagoge werden könnten. Er wundert sich: "Das sind ja lauter Juden!"

Oder:

In Breschnews Wohnung klingelt das Telefon. Breschnews Frau hebt ab. Eine Frauenstimme sagt: "Könnte ich bitte Ihren Mann sprechen, wir waren einmal Schulkameraden. "Frau Breschnew: "Was heißt hier Schulkameraden. Mein Mann ist niemals zur Schule gegangen."

Und:

Natürlich wird der Generalsekretär streng bewacht. Wenn er spricht, sitzen Spitzel im Saal und beobachten. Ein amerikanischer Spion wird so erwischt. Er war der einzige, der zugehört und nicht geschlafen hat. (Nach der alten Tscheka- Mahnung: Der Klassenfeind schläft nie.).

Breschnew kümmerte sich um das Ansehen und die Erfolge der Sowjetmacht.

Breschnew läßt die Kosmonauten rufen: "Genossen, die Amerikaner sind auf dem Mond gelandet. Wir haben darum entschieden, daß unsere Kosmonauten auf der Sonne landen werden." - "Aber Genosse Generalsekretär, dort verbrennen wir doch!" Breschnew: "Die Partei hat an alles gedacht. Ihr werdet nachts fliegen."

Die Senilität und Gebrechlichkeit Breschnews nahm ständig zu.

Es ist Osterzeit. Breschnew geht im Kreml zwischen den Kathedralen spazieren. Ein Pope kommt vorbei und grüßt "Christus ist auferstanden!" Bald darauf kommt ein Bischof vorbei und grüßt "Christus ist auferstanden!" Breschnew ist

verärgert: "Lassen Sie mich in Ruhe. Mir ist das schon gemeldet worden. Ich bin informiert."

Glaubt man den heutigen Versicherungen von zahlreichen Bürgern des Danach-Rußland, so haben sie zur Breschnewzeit ausreichend zu essen gehabt, gab es keine Arbeitslosigkeit usw. Der schwarze Humor der Breschnewzeit sah das allerdings anders.

Im Magazin gibt es kein Fleisch und es wird auch keins mehr kommen. Der Geschäftsführer, natürlich Parteigenosse, beschwichtigt die Wartenden: "Angesichts unserer ständigen Erfolge ist der Fortschritt zum Kommunismus so schnell erfolgt, daß das Vieh nicht nachgekommen ist."

Oder:

Nixon kommt nach Moskau. Er unterhält sich mit Breschnew und fragt, warum eigentlich in der Sowjetunion die Arbeiter niemals streiken. Breschnew nimmt ihn mit in eine Fabrik und wendet sich dort an die Arbeiter: "Von morgen an wird der Lohn gekürzt" (Die Arbeiter applaudieren.) Breschnew fährt fort: "Der Arbeitstag wird verlängert!" (Brausender Beifall.) Dann kommt eine Stimme aus der Versammlung: "Kriegen wir den Strick zum Aufhängen geliefert oder müssen wir uns selber darum kümmern?"

Allerdings kannte damals auch jeder die Mißwirtschaft.

Auf der Straße stehen zwei Arbeiter mit Schaufeln in der Hand. Der eine gräbt ein Loch, der andere schüttet es wieder zu. Ein Vorübergehender wundert sich: "Was soll das?" - "Ja, eigentlich sollten wir zu dritt sein. Der erste gräbt das Loch, der zweite setzt einen Baum ein, der dritte schüttet zu. Aber der zweite ist krank geworden, da müssen wir es halt zu zweit machen."

Oder:

Fragt ein Häftling einen anderen im Lager: "Warum sitzt du?" - "Weil ich Installateur bin!" - "Wie das?" - "Das örtliche Parteibüro hat mich kommen lassen. Wasser kam durch die Decke, die Heizung funktionierte nicht, das Klo war ständig verstopft. Ich habe mir das angeschaut und gesagt: 'Das ganze System muß ausgewechselt werden!' Da haben sie mich eingesperrt."

Die einen hatten sich damit abgefunden, andere hingegen nicht.

Alle kriegen ihren Lohn, aber man kann dafür nichts kaufen. Es gibt nichts zu kaufen, aber alle haben alles. Alle haben alles, aber sie sind unzufrieden. Alle sind unzufrieden, aber alle stimmen mit "Ja".

Oder:

Lenin hat einmal gesagt: "Kommunismus ist Sowjetmacht plus Elektrifizierung des Landes." Heute ist Kommunismus: "Sowjetmacht plus Emigration des ganzen Landes."

Gemeint waren damit vor allem die Juden, die immer lauter das Recht auf Auswanderung forderten.

Zur Breschnewzeit tauchte auch das Problem der Umweltverschmutzung auf.

Auf einem internationalen Treffen von Jogas erhielt der sowjetische Joga den ersten Preis. Er hatte siebzig Jahre nicht geatmet.

Oder:

Die Stadt N. hat einen gewaltigen Fortschritt im Bereich der Luftreinigung gemacht. Auf Grund der durch die Partei eingeleiteten Maßnahmen ist dort die Luft, die ausgeatmet wird, bedeutend reiner als die Luft, die eingeatmet worden ist.

Natürlich machte sich die Bevölkerung Gedanken über die Zukunft. Und die Führung gab eine Untersuchung in Auftrag, wie es um die Sowjetunion im Jahre 2000 bestellt sein werde. Ein ehemaliger sowjetischer Journalist erinnert sich:

Es fand eine Sitzung des Präsidiums der Akademie der Wissenschaften statt. Die Genossen waren alle schon recht betagt. Nach dem Vortrag über das Jahr 2000 fragte ein Teilnehmer, warum man ausgerechnet dieses Jahr gewählt habe (damals war man mehr als 20 Jahre davon entfernt). Ein alter Herr der Akademie meldete sich: "Ja, wissen Sie, keiner von uns wird das Jahr 2000 erleben, darum kann man sich ausdenken, was man will." [18]

Zusatzinformation: 1982 starb Breschnew. 1983 hielt die sowjetische Soziologin T. Saslawskaja ein Referat über die Hindernisse auf dem Weg zu einer größeren Wirtschaftsleistung und über den katastrophalen Verfall der Arbeitsmoral. 1984 forderte die Staatliche Plankommission beim Institut für Weltwirtschaft und Internationale Beziehungen, dessen Direktor damals A. Jakowlew war, eine Studie über die Entwicklung der Sowjetunion bis zum Jahre 2000 an. Das Ergebnis, das verständlicherweise nicht veröffentlicht wurde, war niederschmetternd. Bei Beibehaltung der bisherigen Wirtschaftsmethoden würde die Sowjetunion am Ende des Jahrtausends auf das Niveau der armen Länder der 3. Welt zurückfallen.[19] Angesichts dieser Situation ist die folgende Androhung, die wohl aus kriminellen Kreisen der Breschnewzeit stammt, nicht erstaunlich:

Wenn man unsere Bedürfnisse nicht befriedigt, dann klauen wir entsprechend unseren Fähigkeiten. (Damit wurde die Formel entlarvt, daß im Sozialismus jeder nach seinen Fähigkeiten entlohnt würde, im Kommunismus jeder nach seinen Bedürfnissen.)

Die Außenpolitik unter Breschnew wird wohl noch einige Zeit im Grauschleier verbleiben. Wer, was, wann gefördert oder behindert hat - angesichts der Senilität Breschnews wird man erst dann beurteilen können, wenn die Archive zugänglich sein werden. Vorerst bleibt der Eindruck von Rösselsprüngen: Einmarsch in Prag 1968, Entspannungspolitik (KSZE 1975), Fortsetzung des Konfliktes mit China, Einmarsch in Afghanistan (1979), Aufstellung von Mittelstreckenraketen. Über die besonderen Eigenheiten Breschnews in Fragen von Außenpolitik und Militär äußerten sich weiter die Witzerfinder.

Breschnew und Gromyko fliegen in ein Land der dritten Welt. Es ist ein Freundschaftsbesuch. Bevor man am Ankunftsort das Flugzeug verläßt, wirft Breschnew eine Münze, er schaut darauf und sagt: "Genosse Gromyko, Du bist jetzt daran, die Gastgeber zu küssen."

Oder:

Breschnew läßt die Geschichtsprofessoren zusammenrufen. "Wie hieß unser einäugiger Feldmarschall, der Napoleon besiegt hat?" - "Kutusow." - "Wer war der englische einäugige Admiral, der Napoleons Flotte vernichtete?" "Nelson." - "Und wie hieß der einäugige Sieger im Sechs-Tage-Krieg in Israel?" - "Dajan."

Breschnew wendet sich daraufhin an das Politbüro: "Ich habe eine hervorragende Idee: Schlagen wir unserem Verteidigungsminister Gretschko ein Auge aus."

Radio Jerewan meldete sich, als 1968 der Prager Frühling unterdrückt wurde.

Frage an Radio Jerewan: "Sind wir wirklich von Prag um militärische Hilfe gebeten worden?" - Antwort: "Im Prinzip ja. Allerdings kam der Hilferuf im Jahre 1939, wir konnten erst jetzt eine positive Antwort geben."

Als sowjetische Truppen in Afghanistan eingesetzt wurde, berichtete man in Moskau von einer "alten afghanischen Weisheit".

"Wenn du von Panzern träumst dann ist ein Freund auf dem Weg zu dir."

Und:

Von zwei Flugzeugen, die nach Afghanistan unterwegs waren, ist das mit den Waffen angekommen. Das mit den Lebensmitteln wurde in der Sowjetunion zur Landung gezwungen.

Der Konflikt mit der Volksrepublik China produzierte Witze in großer Zahl.

Die Führung der Chinesischen Volksrepublik hatte angekündigt, daß sie an der Olympiade in Moskau (1980) nicht teilnehmen würde. Sie fürchtete, daß ihre Sportler in Moskau nicht sicher wären. Da eilt plötzlich ein Sekretär zu Breschnew: "Eben hat Peking mitgeteilt, daß China doch an der Olympiade teilnehmen wird." - "Vorzüglich. Und wieviele Sportler will sie schicken?" - "Zehntausend!" "Das ist überwältigend. Und für welche Sportarten?" "Es sind alles Scharfschützen."

Oder:

Moskau wird von Mäusen überschwemmt, sogar die Katzen reißen vor ihnen aus. In dieser Not bittet Breschnew die Schweiz, ihnen einen Mäusefänger (nach anderer Version: die USA) zu schicken. Der kommt, holt eine winzige Blechmaus aus der Tasche, zieht sie auf und läßt sie laufen. Alle Moskauer Mäuse laufen ihr hinterher bis ins Schwarze Meer hinein, wo sie ersaufen. Bre-

schnew ist begeistert und fragt flüsternd den Experten aus dem Ausland. "Haben Sie nicht vielleicht auch so einen kleinen Blechchinesen?"

Der geistige und körperliche Zustand Breschnews war kaum noch vor der Öffentlichkeit zu verbergen.

Tagesablauf Breschnews: 8 Uhr Wiederbelebung, 9 Uhr Aufstehen, 10 Uhr künstliche Ernährung, 11 Uhr Schminken Breschnews und Abtransport ins Politbüro, danach künstliche Ernährung, 14 Uhr Ordensverleihungen, 15 Uhr Verleihung von Orden an Breschnew, 16 bis 17 Uhr Aufladung der Batterien Breschnews, danach künstliche Ernährung, 20 Uhr klinischer Tod und Wiederbelebung.

Und:

"Wie steht es mit der Gesundheit von Leonid Iljitsch?" "Ausgezeichnet. Er ist fast lebendig."

"Breschnew ist gestorben!" - "Persönlich?"

Zweifel daran, ob denn der sozialistisch- kommunistische Zug in eine lichte Zukunft wirklich dafür geeignet war, drückte sich in folgendem Witz aus:

Der Zug fährt in die lichte Zukunft. Lenin ist der Führer. Plötzlich bleibt der Zug stehen. Lenin befiehlt einen "Subbotnik" (freiwillige unbezahlte Arbeit am Sonnabend). Der Zug setzt sich wieder in Bewegung. Jetzt ist Stalin der Führer. Der Zug bleibt wieder stehen. Stalin befiehlt den Maschinisten und die Hälfte der Passagiere zu erschießen. Der Zug schleicht weiter. Dann kam Chruschtschow. Als der Zug wieder stehenblieb, befahl Chruschtschow, die Schienen hinter dem Zug abzureißen und vor dem Zug einzubauen. Und dann kam Breschnew. Als der Zug wieder einmal anhielt, befahl er, die Abteile zu verdunkeln und sich einzubilden, daß man mit Höchstgeschwindigkeit fährt.

Breschnew starb 1982, der Tod kam nicht überraschend. Beide Nachfolger, Andropow und Tschernenko, waren kranke Leute und starben bald. Den Witzeerfindern blieb nicht viel Zeit. Andropow war 15 Jahre lang Chef des KGB gewesen, er kannte die Schwächen des Systems.

Andropow gibt seiner Sekretärin die Anweisung: "Schreiben Sie Tolstois 'Krieg und Frieden' ab?" - "Wozu, das Buch gibt es doch in jedem Bücherladen." - "Das stimmt, aber mein Enkel liest nur noch die Schreibmaschinentexte des Samisdat. "(Samisdat ist die Bezeichnung für jene privat verbreiteten, mit der Schreibmaschine geschriebenen Texte der Dissidenten).

Berühmt geworden ist Andropow durch seine Aktion "Schleppnetz". Er ließ Kinos, Geschäfte, Banjas von seinen Leuten überprüfen, ob sich dort Männer aufhielten, die eigentlich an den Arbeitsplatz gehörten. Die Witzmacher schlugen vor, Moskau in "Andronopol" umzubenennen und seine Methoden in "Androposophie". Es ist bekannt, daß nach dem Attentat auf Papst Johannes Paul II. der Verdacht umging, Moskau habe seine Hand im Spiel gehabt.

In Andropows Arbeitszimmer stehen eine Reihe von Uhren, die die unterschiedlichen Zeiten auf der Welt anzeigen. Ein Besucher wundert sich darüber. Andropow klärt ihn auf: "Neulich wollte ich den Papst anrufen, wünschen, daß er das Attentat überlebt hat und nach seiner Gesundheit fragen. Vorsichtshalber habe ich vorher auf die Uhr mit der römischen Zeit geschaut und festgestellt daß das Attentat erst in zwei Stunden erfolgen wird."

Als Andropow 1984 starb, atmete die Nomenklatura auf, denn er hatte damit begonnen, Betrüger und Schieber aus ihren Reihen zur Verantwortung zu ziehen. Der altersschwache Tschernenko war der Nomenklatura lieber - wenigstens vorübergehend.

Rabinowitsch wird die Aufgabe übertragen, auf einer Demonstration das Bild Tschernenkos zu tragen. Rabinowitsch weigert sich: "Auf der vorletzten Demonstration habe ich das Bild Breschnews getragen. Er ist bald darauf gestorben. Auf der letzten Demonstration habe ich das Bild von Andropow getragen. Er ist gestorben." - "Genosse Rabinowitsch, sie haben goldene Hände."

Ein Witz aus der Breschnewzeit wurde auf Tschernenko umerzählt.

Die KPdSU ist zum Kongreß zusammengekommen. Die Teilnehmer werden gebeten, sich zu erheben, da gleich das Politbüro hereingetragen würde.

Über seine Senilität wurde gespöttelt:

Tschernenko spricht vor vier Mikrophonen. Aus dem ersten kriegt er den Sauerstoff, im zweiten wird im vorgesagt, am dritten hält er sich fest und in das vierte spricht er.

Oder:

Unser Land wird von anderthalb Menschen gelenkt: Dem ewig lebenden Lenin und dem halbtoten Tschernenko.

Und:

TASS meldet: "Der Generalsekretär des ZK der KPdSU, Konstantin Ustinowitsch Tschernenko hat im 75. Lebensjahr nach schwerer Krankheit, ohne das Bewußtsein wiederzuerlangen, wieder damit begonnen, seine Dienstobliegenheiten zu erfüllen."

Die Bilanz sah im Flüsterwitz so aus.

Unter Lenin war es wie in einem Tunnel, rundherum dunkel, in der Ferne Licht. Unter Stalin war es wie in einem Bus: Einer lenkt, einige sitzen, die meisten schüttelt es. Unter Chruschtschow war es wie im Flugzeug: Allen ist übel, aber man kann nicht aussteigen. Unter Breschnew war es wie im Zirkus: Einer redet und alle amüsieren sich. Unter Andropow und Tschernenko war es wie im Kino. Alle warten, wie es ausgehen wird.

Und zum Abschluß des Kapitels- wie es sich gehört noch eine Lenin-Anekdote:

Lenin ist im Mausoleum wieder aufgewacht. Er kommt heraus, geht umher, schaut sich um, wer das Land regiert, wie das Volk lebt. Dann wendet er sich an seine Frau Nadja: "Es bleibt uns nichts anderes übrig, als noch einmal in die Schweiz zu fahren und alles von Anfang an noch einmal zu versuchen."

Kleiner Einschub zu "Stirlitz"-Witzen und Tätowierungen

Der Verfasser gesteht, daß er bei seiner Zusammenstellung eine Reihe von Witzen und Anekdoten aus dem Bereich des schwarzen Humors nicht mit in diese Sammlung aufgenommen hat, weil sie nur im sowjetischen Klima verständlich sind, Die Erläuterung wäre zu lang geworden. Ein Beispiel aus den siebziger Jahren soll jedoch erwähnt werden.

Es handelt sich um die "Stirlitz"-Witze, die in immer neuen Varianten durch die Sowjetunion geisterten. Der sowjetische "Aufklärer" Stirlitz war Held des Filmes "Die siebzehn Augenblicke des Frühlings", der 1973 in einer Fortsetzungsreihe über die Bildschirme flimmerte. Stirlitz ist es gelungen, sich während des Krieges ins Hauptquartier Hitlers einzuschmuggeln. Und obwohl er vor allem von seinem Vorgesetzten Müller verdächtigt wird, ein sowjetischer Agent zu sein, gelingt es Stirlitz, seine schwierige Aufgabe zu erfüllen. Schellenberg wußte genau, daß Stirlitz ein sowjetischer Aufklärer ist. Aber er zögerte dessen Verhaftung hinaus, denn er wollte seinen gescheiten Mitarbeiter, der seine Befehle so pünktlich erfüllte, nicht verlieren.

Diese Stirlitz-Witze lassen sich schwer einordnen. Sie entstanden nicht im offiziellen Auftrag, waren auch nicht im eigentlichen Sinn antisowjetisch oder Ableger von Radio Jerewan. Sie befanden sich in einer Grauzone. I. Raskin, der u.a. eine ganze Reihe von ihnen veröffentlicht hat, stellt eine eigenartige Theorie auf. Die Witze waren so beliebt, weil jeder sich mit Stirlitz identifizieren konnte und mit den Verhältnissen, unter denen er arbeitete. Ständig in Gefahr, über sich Vorgesetzte, die ihm mißtrauten, unter sich Leute, die er kommandieren konnte. Das war jedem Sowjetbürger bekannt und vertraut. [20]

Es ist mehrfach erwähnt worden, daß die Printmedien, z.B. das "Krokodil" sich an strenge Regeln halten mußten und selbstverständlich keine Karikatur eines führenden Kommunisten zeigten. Es war auch schon die Rede von den organisierten Berufsverbrechern, den "Blatnois" (oder "Dieben im Gesetz"). Sie waren gewissenlos, grausam, aber auch furchtlos. Sie erzählten unter sich alle die verbotenen Witze aus dem schwarzen Humor. Demjenigen, der sie verriet, schnitten sie die Kehle durch, selbst wenn sie selber danach erschossen wurden.

Seit der Zeit Breschnews, vielleicht auch schon zur Zeit Chruschtschows, ließen sich einzelne "Blatnoi" antisowjetische Tätowierungen einstechen, die auch von den Bewachern gesehen werden konnten und nicht mehr auszulöschen waren. Dieser tätowierte Beitrag zum schwarzen Humor ist seitdem nicht mehr verschwunden, die letzten Tätowierungen zeigen z.B. Gorbatschow. Unter den Tätowierungen konnte man Marx und Lenin mit Teufelshörnern finden, Stalin im Kranz von Totenköpfen, Breschnew beim Verfüttern von Geld an Teufel, Hund und Schwein. Interessanterweise habe ich keine Tätowierung von Chruschtschow finden können. Die Tätowierungen wurden auf der Brust, dem Bauch, der Schulter und dem Hinterteil angebracht.[21]

Vom Flüsterwitz zu Glasnost

Als 1985 Gorbatschow zum Generalsekretär gewählt wurde, schien die sowjetische Welt noch in Ordnung zu sein.Zur Illustration dieser Meinung mag folgende Episode aus der Mitte der achtziger Jahre dienen. Damals wurde ein Theaterstück von M. Schatrow "So siegen wir!" in einem Moskauer Theater aufgeführt. Auf der Bühne waren Demonstranten mit Transparenten der Revolutionszeit zu sehen "Hoch die freien Gewerkschaften!" und "Hoch die Freiheit der Fraktionen in der Partei!" Bei der Aufführung stellte sich heraus, daß diese Losungen von der Galerie aus nicht zu lesen waren. Der Regisseur ließ neue größere malen. Als sie fertig waren, trug ein Mitarbeiter sie auf der Schulter durch die Gorkistraße in Moskau, Daraufhin nahmen ihn ein Polizist und zwei Genossen in Zivil fest. Erst nach Klärung des Falls durfte der Mann vom Theater wieder gehen.

Gorbatschow hatte der KPdSU Treue gelobt. Mehrere Jahre lang wehrte er sich gegen ein Mehrparteiensystem. Er deutete eine Rückkehr zur "Neuen Ökonomischen Politik" (der zwanziger Jahre) an. Er setzte die Antialkoholkampagne seines Vorgängers fort. Im Volksmund nannte man den Generalsekretär daher "Mineralsekretär", Die antireligiöse Propaganda wurde fortgesetzt, die antiimperialistischen Karikaturen füllten weiter die Seiten der Printmedien. Der Krieg in Afghanistan war offiziell so etwas wie eine friedliche Hilfsaktion für die Afghanen.

W. Kasack schreibt in einer Einleitung zu einer Zusammenstellung der besten Erzählungen aus der Zeitschrift "Ogonjok":

"In keinem Bereich hat die politische Wende in der UdSSR, die mit dem Machtantritt Gorbatschows 1985 eingeleitet wurde, so schnell Positives erbracht wie in der Publizistik und derLiteratur."[22] Behutsam begannen Satiriker mit ihren Vorschlägen, was und wie umgestaltet werden sollte,[23] Eine späte Wiedergutmachung wurde dem 1958 verstorbenen Satiriker M. Soschtschenko zuteilt, der 1946 wegen seines "abgeschmackten Machwerkes 'Die Abenteuer eines Affen'" zum Schweigen verdammt worden war. 1990 erschien eine originell illustrierte Ausgabe der Erzählung in Moskau.

Mit der Antialkoholkampagne hatte Gorbatschow keinen Erfolg. Zwar wurde die staatliche Alkoholproduktion eingeschränkt, der Verkauf erschwert, doch wuchs gleichzeitig die heimliche Schnapsbrennerei so an, daß die Gesundheitsbehörden aufschreckten.

Die Transsibirische Bahn hält mitten in der Nacht. Als es nicht weitergeht, fragt ein Reisender den Schaffner: "Warum stehen wir eigentlich?" - Der antwortete: "Die Lokomotive wird getauscht." "Wie, was, jetzt bei Nacht?" - Der Schaffner: "Sie wird gegen Wodka getauscht."

1986 kam die Katastrophe von Tschernobyl. Die sowjetischen Medien wurden angewiesen, die westlichen Berichte hierüber als üble hetzerische Übertreibung anzuprangern, in Wirklichkeit handele es sich nur um eine Havarie. Der schwarze Humor befaßte sich mit Tschernobyl danach mehrere Jahre.

Damit die Erde von Tschernobyl nicht brach lag, säte man Tabak und machte daraus Zigaretten. Auf den Zigarettenschachteln stand: "Das Gesundheitsministerium warnt zum letzten Mal!"

Oder:

Der Enkel fragte den Großvater: "Opa, war es in Tschernobyl schrecklich?" - "Aber nein, überhaupt nicht schrecklich" und strich seinem Enkel mit der sechsfingrigen Hand über das linke Köpfchen.

Und:

Auf dem Basar von Kiew verkauft ein Bauer rote Apfel und preist sie als Erzeugnisse aus Tschernobyl an. Ein Vorübergehender schnauzt ihn an: "Sie sind wohl verrückt. Das kauft doch keiner." - "Doch. doch das wird gekauft für Schwiegermütter, für Vorgesetzte."

Es ist bezeichnend, daß sich die russischen Kommunikationswissenschaftler erstmals nach 1985 mit dem Thema "Humor" an Hand einer Auswertung von 37 Witzen über die Tschernobyl- Katastrophe befaßten. Allerdings war das erst 1993 unter dem Titel "Die Besonderheiten der Widerspiegelung ökologischer Probleme in der mündlichem Massenkommunikation"[24] Auch der Krieg in Afghanistan wurde noch von der Zensur abgeschirmt, obwohl die Gerüchte über die Zinksärge mit den toten Soldaten durch die Sowjetunion wanderten.

Aus den Abenteuern des Sherlock Holmes. Doktor Watson fragt ihn: "Holmes, woher kommen Sie?" - "Aus Afghanistan." "Aber da kann man doch nicht herauskommen!" - "Doch, im Zinksarg."

Zwei Schlagworte haben Gorbatschow weltbekannt gemacht: "Perestroika" und "Glasnost". Doch darf man "Glasnost" zu Beginn der Gorbatschowzeit nicht einfach mit Meinungs- und Pressefreiheit gleichsetzen. So hat z.B. Gorbatschow 1986 noch davor gewarnt, "Glasnost" auch für die Aufarbeitung der sowjetischen Vergangenheit anzuwenden, 1987 erschien jedoch- und das konnte nur mit Genehmigung von oben geschehen - der Film von T. Abuladse "Die Reue" auf der Leinwand. Er war jahrelang aufs Regal verbannt gewesen. Obwohl in diesem Film nirgendwo der Name Stalin fällt, war für jeden Filmbesucher klar, daß der Tyrann des Filmes Stalin war. Stalin war als Feindbild freigegeben. [25]

Gorbatschow hielt jedoch fest am Marxismus-Leninismus.
Karl Marx kommt zu Gorbatschow und bittet ihn darum, für einige Minuten im sowjetischen Fernsehen sprechen zu dürfen. Gorbatschow winkt ab, kann aber schließlich dem großen Vorbild die Bitte nicht abschlagen: "Aber nur eine Minute." Karl Marx tritt ans Mikrophon und sagt nur einen einzigen Satz: "Proletarier aller Länder, verzeiht mir".

Anfangs wußte in der Sowjetunion niemand so recht, was "Perestroika" und "Glasnost" für die Zukunft bedeuten würde. Bald wurde darüber gespöttelt.

"Was ist wichtiger: Glasnost oder Perestroika?" "Glasnost! Ohne Glasnost hätten wir nie erfahren, was eigentlich die Perestroika sein soll."

Oder:

"Was ist Glasnost?" - Siebzig Jahre lang hat man uns Jauche auf den Kopf geschüttet, und jetzt müssen wir sogar noch den Mund dazu aufmachen."

Gorbatschow wußte, daß die Massenmedien durch die Zensur unglaubhaft geworden und für die Perestroika daher nur bedingt einsatzfähig waren. Er wußte auch, wieviele Mißstände, Betrügereien, Unterschlagungen vorkamen, aber nicht bekämpft werden konnten, weil sie verschwiegen wurden. Er wollte keine Meinungs- und Pressefreiheit, sondern eine begrenzte Zurücknahme der Zensur. Allerdings sollte die Zensur weiter darauf achten, daß man den kapitalistischen Klassenfeinden kein Material lieferte.

Der Kolchosvorsitzende wird zum Parteibüro gerufen. "Hör zu, Iwan, amerikanische Journalisten sind unterwegs, daß Du ihnen bloß nicht alles zeigst!" - "Zu spät, die waren da, haben sich umgeschaut und sind wieder weg." - "Hast Du ihnen den Stall gezeigt, in dem die Kühe krepieren; das Krankenhaus, dessen Decke leckt; die Schule, in der die Ratten herumlaufen?" - "Ja, das habe ich, wir haben doch Glasnost!" - "Du bist völlig verrückt geworden, die werden über alles in ihren Zeitungen schreiben!" - "Es ist wirklich traurig", antwortete Iwan, "immer wieder solche böswilligen Verleumdungen!"

Für den schwarzen Humor gab es genügend Themen. Als 1987 der wohl etwas verwirrte Deutsche Rust mit einem Sportflugzeug auf dem Roten Platz gelandet war, lästerten die Spötter.

Wie auf jedem Flugplatz wurde nach der Landung des Rust-Flugzeuges auf dem Roten Platz Schilder aufgestellt "Rauchen verboten". (Tatsächlich wurden damals die Rauchverbotsschilder aufgestellt).

Oder:

Auf dem Roten Platz versammelte sich eine große Anzahl von Menschen mit Gepäck. Als man sie fragte, was sie dort wollten, sagten sie: "Wir warten auf das Flugzeug nach Hamburg."

Das Thema von der mangelhaften Wachsamkeit der sowjetischen Streitkräfte und den Verbesserungen nach der Rustlandung bot weiteren Stoff.

Im GUM (das große Kaufhaus am Roten Platz) ist bei der großen Fontäne ein Wachposten aufgestellt worden, damit kein U-Boot einschwimmen kann. Einmal soll das schon passiert sein. Nur der Wachsamkeit unserer Miliz ist es zu verdanken, daß niemand davon erfahren hat.

Kurz und gut, bis ins Jahr 1987 war es mit Glasnost nicht weit her. Zwar verschwand die Bezeichnung "Radio Jerewan" für den schwarzen Humor, aber die Flüsterwitze lebten weiter. Immerhin wurde nach dem ZK-Plenum im Januar 1987 die Freiräume etwas erweitert. Die Zeitungen druckten Texte, die früher unvorstellbar gewesen wären.

Ein Artikel in den "Moskowskie nowosti" hat den Bürger Suchanow besonders erregt. Er ruft seinen Kumpel Petrow an: "Hast du die 'Moskowskie nowosti' von heute schon gelesen?".- "Nein", antwortet dieser: "Worum geht es? Was steht da?" - Suchanow ist jedoch vorsichtig: "Weißt du, am Telefon möchte ich nicht darüber sprechen."

Immer noch hatten die Mächtigen Angst vor einem Lachen oder Lächeln, das nicht von oben angeordnet war. Ein Biologe aus Leningrad schrieb an die Redaktion der Jugendzeitschrift "Junost": "Vor kurzem brauchte ich Paßbilder für einen Auslandspaß, Die Angestellte im Fotoatelier gab mir den Rat, nicht zu lächeln. Auf meine Frage, warum dies verboten oder unerwünscht sei und wer diesbezügliche Weisung erteilt habe, konnte sie keine plausible Antwort geben. 'Ich würde es Ihnen nicht raten, und damit basta', schnitt sie mir das Wort ab, Die Mitarbeiter der Abteilung mit dem sonderbaren Namen 'Verwaltung für Auslandsverkehr' rieten mir ebenfalls davon ab, bei der Herstellung der Paßbilder allzuviel Freude vor dem wachsamen Auge des Objektivs zu zeigen. ich hätte gerne gewußt, ob es ein amtliches Verbot gibt, auf Fotografien für Dokumente des Landes der Sowjets zu lächeln..." [26]

Karikaturisten und Journalisten wurden zunehmend mutiger, Sie verstanden Glasnost als Wiederherstellung der Wahrheit, als Entlarvung aller Art jahrzehntelanger Lügen. Gedrängt wurden sie von Lesern, die sich ein Herz gefaßt hatten und nun die Redaktionen der Zeitungen und Zeitschriften, die sich für Wahrhaftigkeit einsetzten, mit einer wahren Flut von Briefen überschwemmten.[27] Ein 25jähriger schrieb 1987 an "Junost". "Uns wurde ständig gepredigt, die Wahrheit sei das Wertvollste, was es auf der Welt gibt. Und darum wahrscheinlich hat man sie uns so sparsam verabreicht, daß sie unsere Ohren in einer so verstümmelten Form erreichte, daß man sie durchaus für eine Lüge hätte halten können. Heute stürzt die Wahrheit wie eine Sintflut auf uns herab, und sofort erheben sich Schreie: Genossen, was tut ihr denn? Das Volk wird ertrinken..." [28]

Als 1987 das alte Feindbild vom kapitalistischen Westen von der "Prawda" kritisiert wurde, als Ende 1987 das atheistische Journal "Wissenschaft und Religion" zur Zusammenarbeit von Gläubigen und Ungläubigen aufforderte, verschwanden aus den Massenmedien die Feindbild-Karikaturen und die atheistische Agitation. Allerdings geschah das eindeutig auf Weisung von oben.

Die "Literaturnaja gaseta" (18.3.1987) veröffentlichte eine Karikatur, die einen Mann mit Papier unter dem Arm vor einem Schlagbaum zeigt. Ein Schild steht da "Grenze der Kritik".

1987 entstand ein Plakat von S. Faldin und A. Faldin. Es zeigt Gorbatschow als Dirigenten, vor ihm liegt als Partitur ein Leninband, und oben in der Ecke steht "Bravo!" Die Plakate mit Lenins Antlitz und dem Majakowski-Slogan "Lenin lebte- Lenin lebt- Lenin wird ewig leben!" hingen noch viele Jahre an Mauern und Wänden. Doch das Jahr 1988 deutete neue Fortschritte an: Millenniumsfeier der Russisch-Orthodoxen Kirche, Beginn des Abzugs aus Afghanistan, Ankündigung eines neu zusammengesetzten Volksdeputierten- Kongresses. Auch das Glitzergold von Lenins Heiligenschein begann abzublättern.

Ein Altbolschewik erzählt über seine Begegnung mit Lenin. "Das war auf dem 2. Parteikongreß. Ich gehe auf die Toilette und sehe, unser großer Führer steht ganz bescheiden in einer Ecke und erledigt sein kleines Bedürfnis. Aber seine Augen waren so gütig! So habe ich ihn in Erinnerung behalten."

Im April 1989 schlug ein Moskauer Theaterdirektor in einer Fernsehsendung vor, die Leninmumie aus dem Mausoleum zu entfernen. Es gab erstmal einen großen Skandal.

"Na, wie lebst Du, Genosse?" - "Wie im Mausoleum: Nicht mehr am Leben und doch kein Begräbnis!"

Am 17. 5 1989 veröffentlichte die "Literaturnaja gaseta" eine Auswahl von politischen Witzen. Der Durchbruch vom Flüsterwitz zur gedruckten Kritik war gelungen. Bald folgten andere Zeitungen, so z.B. der "Sobesednik", der eine "Anthologie des sowjetischen Witzes" (z.B, Nr.3/1990) veröffentlichte.

Der Philologe Dr. J. Borew hatte seit rund 20 Jahren Anekdoten gesammelt. Er schreibt im Rückblick ("Moskowskie nowosti" Nr,32/1991). "Man muß auf die Geschichte mit beiden Augen blicken: mit den Augen des Dokumentes und den Augen der Überlieferung. Die Überlieferung garantiert keine dokumentarische Genauigkeit" aber auch ein Dokument kann lügen. Fügt man sie jedoch zusammen, so ergibt sich insgesamt auch das Bild der verschwundenen Wirklichkeit". 1989 hatte Borew "Staliniade" fertiggestellt, eine Sammlung von Anekdoten aus der Stalinzeit.[29] Obwohl Stalin inzwischen zum Feindbild gemacht worden war, verhinderte der Parteiideologe L. Medwejew vorerst den Druck. Borew wich nach Riga aus, wo das Buch 1990 erschien.[30] In Riga erschien auch vor dem Ende der Sowjetunion "Die politischen Anekdoten" (ohne Verfasserangabe). Eine der Anekdoten aus Borews Buch:

Während des Krieges befahl Stalin dem berühmten Historiker Tarle, den wissenschaftlichen Nachweis zu führen, daß Istanbul rechtens zu Rußland gehöre. Für den Fall, daß die Türkei auf deutscher Seite in den Krieg eintreten sollte, wäre die Arbeit des Historikers zu drucken. So liegt sie aber als Manuskript in der Sonderabteilung der Staatlichen Bibliothek.

Der Volksdeputiertenkongreß, der 1990 erstmals zusammen trat, war nicht aus freien Wahlen zustandegekommen, jedoch ein gewisser Fortschritt gegenüber dem einstigen Obersten Sowjet. Das Vertrauen in ihn war in der Bevölkerung gedämpft,

Im Obersten Sowjet wird erregt über Privateigentum, Wirtschaftsordnung usw. diskutiert. Gorbatschow will sich einen Oberblick verschaffen: "Genossen, wer für den Sozialismus ist, der möge sich bitte auf die linke Seite setzen! Wer für den Kapitalismus ist, bitte auf die rechte Seite!" Ein Abgeordneter kann sich nicht entschließen. Gorbatschow fragt ihn, warum er sich nicht entscheiden kann. "Wissen Sie " antwortet dieser: (in einer Variante ist es Sobtschak, in einer anderen Jelzin) "Ich möchte leben wie im Kapitalismus und arbeiten, wie im Sozialismus! "Gorbatschow: "Dann komm zu uns ins Präsidium."

1990 verlor die KPdSU ihre in der Verfassung garantierte Führungsrolle in allen Bereichen. Aber ihr Funktionäre blieben auf den alten Plätzen.

Ein altes Mütterchen kommt zum Bürgermeisteramt. "Guten Tag, Genossen!". - Man antwortet ihr: "Es gibt keine Genossen mehr, die Zeiten sind vorbei." - "Nanu", sagt das Mütterchen, "alle Jahre, wenn ich hierher gekommen bin, habt ihr da gesessen und ihr sitzt immer noch da..."

Und:

"Warum bist Du eigentlich nicht zur letzten Parteiversammlung gekommen?" - "Wenn ich gewußt hätte, daß es die letzte ist, dann hätte ich sogar meine Frau und meine Schwiegermutter mitgebracht!"

Und:

Es gibt einen neuen Fragebogen: "Sind Sie in der Vergangenheit verfolgt worden, und wenn nicht, warum nicht?"

Die einfache Bevölkerung verfolgte den Prozeß weitgehend zustimmend, wartete jedoch vergeblich auf eine Verbesserung der Wirtschaftslage.

Varianten der Perestroika: Erste und wahrscheinliche: Die Marsbewohner kommen und machen für uns die Perestroika. Die zweite, phantastische: Wir machen alles alleine.

Oder:

"Wie lebst Du in der Perestroika?" - "Das ist immer noch ein Hundeleben. Es stimmt, sie haben uns die Kette verlängert, aber gleichzeitig den Napf weiter weg geschoben. Dafür dürfen wir laut jaulen."

In Tschastuschkis wurde die Situation so beschrieben.

Wie lang noch wird der Perestroika-Stillstand andauern? Das Geld fließt in Strömen, aber das Portemonnaie ist leer.

Oder:

Ich gehe nicht zur Arbeit, ich geh zum Tanzen. Uns füttern Amerika, die BRD und Frankreich.

Die Lebensmittelversorgung verschlechterte sich rapide.

Im Gemüsegeschäft: "Haben Sie Kohl?" - "Nein ""Haben Sie Kartoffeln?" - "Nein." - "Haben Sie Tomaten oder Gurken?" - "Sehen Sie denn nicht, daß wir ein Gemüseladen sind, aber kein Auskunftsbüro!"

Oder:

Heute um 17 Uhr wird im ersten Programm des Fernsehens ein Wurstbrot gezeigt werden.

Erotische Witze sind nicht unser Thema. Aber einige davon sollen erwähnt werden, weil sie typisch für die damalige Situation sind.

"Was ist die Perestroika?" - "Das ist eine sexuelle Revolution, so wie Lenin schon die Revolution charakterisiert hat?""Lenin?" - "Ja, der hat gesagt, daß wenn die oben nicht mehr können und die unten nicht mehr wollen, dann sei dies eine Revolution."

Oder:

Der Mann kommt nach Hause und findet seine Frau mit einem Liebhaber im Bett. Empört schreit er: "Du wälzt dich hier im Bett herum, während es im Laden Heringe gibt."

Und:

Im Gemeinschaftsquartier wäscht sich eine Frau in der Badewanne. Einer der Mitbewohner lugt durch die Türritze. "Was glotzt du, hast du noch keine nackte Frau gesehen?" "Natürlich! Aber ich schaue, mit wessen Seife du dich wäschst."

Diejenigen, die die Situation pfiffig genutzt hatten, waren zu Geld gekommen, reisten ins Ausland. Ein solcher Neureicher hat nichts eiligeres zu tun, als in Paris ins Bordell zu gehen.

Die Prostituierte schreit gellend: "Nein, nur das nicht!" Die Puffmutter eilt herbei. "Was ist los? Der Wunsch des Kunden ist hier Gesetz!" - "Madam, der Kunde will mit Rubeln zahlen!"

Das Pressegesetz von 1990 hatte den Massenmedien die Freiheit zugesprochen, hatte die Zensur abgeschafft. Im gleichen Jahr gewährten zwei Religionsgesetze(ein sowjetisches und ein russisches den Religionsgemeinschaften endlich Glaubensfreiheit. Die geistige Umstellung brauchte jedoch noch einige Zeit.

J. Borin schrieb damals: "Ja, wir haben uns noch nicht endgültig von den alten Gewohnheiten, dem alten Denken befreit, obwohl wir die einstigen 'Führer' stürzen., können wir uns nicht endgültig lossagen von einer Pietät, die das Knie beugt.... Eine

Sklavenmentalität, ein heiliger Schauer gegenüber der Obrigkeit, die alles weiß und für alle denkt' behindert noch das Denken, Schaffen, Arbeiten..."[31] So ist es nicht verwunderlich, daß im "Wörterbuch der Großen Sowjetenzyklopädie"(Moskau 1991-Bd.2. S. 715) unter dem Stichwort "Humor" auch das "zerstörerische Gelächter" erwähnt wird.

Das Jahr 1990 war jedoch das Jahr der "Wende" für den schwarzen Humor. V. Kulinitschew von der Universität Woronesch stellte auf einer wissenschaftlichen Konferenz in Woronesch fest, daß seit 1990 eine Lawine von Anekdoten Zeitungen und Zeitschriften überschwemmte, die Nachfrage sei gewaltig gewesen. Allerdings könne man sie noch nicht klassifizieren, da geistreiche mit platten und unanständigen vermischt seien.[32]

M. Andrascha bestätigte dies im "Krokodil"(Nr.15/1991)-, "Anekdoten, die nur die Mitglieder des Politbüros erzählt hatten und den Stempel trugen 'nur für den Dienstgebrauch', werden jetzt von allen erzählt. Sammelbände mit riskanten Scherzen kann man in Moskau im Bücherladen kaufen. Zeitungen in Massenauflagen drucken politische Anekdoten mit ihren eigenen mitfühlenden Kommentaren".
Als die Medien begannen, Gorbatschow offen zu kritisieren, versuchte Gorbatschow zu Beginn des Jahres 1991, das Pressegesetz zu revidieren. Die Abgeordneten lehnten dies ab. Im Februar 1991 löste sich der Warschauer Pakt auf.

Es gibt drei Arten einer perversen Liebe: die Liebe zwischen Männern, die Liebe zwischen Frauen und die Liebe zwischen sozialistischen Staaten.

Während des Augustputsches 1991 verboten erst die Putschisten, danach die Sieger für kurze Zeit die ihnen feindlichen Medien. Damals wurde aus Moskau berichtet, eine Zeitung im Umfeld von Moskau habe bis zur endgültigen Entscheidung, wer aus der Auseinandersetzung als Sieger hervorgeht, zwei Varianten für die Titelseite gehabt. Die eine hätte Putschisten bejubelt, die andere Jelzin. Danach war das Ende der Meinungslenkung gekommen. Es war aber auch das Ende der Sowjetunion.

Unsere Entwicklung verläuft in Etappen: Krach, Chaos, die Suche nach den Schuldigen, die Bestrafung Unschuldiger, die posthume Rehabilitierung der unschuldig Verfolgten, die Auszeichnung der Nichtbeteiligten, die Perestroika, und schließlich ein Schußwechsel.

Doch war es noch nicht das Ende des alten Bewußtseins. Die Umstellung erfolgte bei vielen nach der eingeübten Methode. Die "Literaturnaja gaseta" (2.10.1991) geißelte dies in wahrhaftig schwarzem Humor nach dem Augustputsch und vor dem Zerfall der Sowjetunion in einer Satire "Und wo warst du am 19. August". (Der Inhalt der Satire ist im folgenden verkürzt):

Geschkin hatte am 19. August sorglos im Walde Pilze gesammelt. Im Trust "Santechprojekt" war inzwischen eine Untersuchungskommission zusammengetreten, die sich aus den alten Parteimitgliedern zusammensetzte. Dem armen Geschkin wurde vorgeworfen: "Zu der Zeit, als die besten Söhne und Töchter des Volkes sich im Namen des Marktforschrittes und des Erblühens der Demokratie mit der Brust unter die Panzer warfen, habe er offensichtlich gemeinsame Sache mit den "Kräften des Bösen" gemacht. Man sperrte ihn vorsorglich ein, damit er seine Lage noch einmal überdenken solle, sonst erhielte er den Status eines" Monsters des Totalitarismus". Die blonde Anziferowa gab ihm dann den Rat, eine Erklärung zu schreiben, daß sein Hund Dschulbar alle Nächte am Weißen Haus Wache gehalten habe und man ihn in jenen Tagen als "Putschelow" (Putschistenfänger) bezeichnet habe. Diese Erklärung hatte durchschlagenden Erfolg. Geschkin wurde entlassen und konnte wieder auf seiner Datscha Pilze sammeln gehen.

Vom Karikaturmonopol zur sozial-bissigen Grafik

Über Jahrzehnte hinweg bestimmte das "Karikaturmonopol" von Staat und Partei, wer angespuckt und wer gelobt werden mußte. Niemals durfte eine Karikatur die Partei, die Ideologie, das Wirtschaftssystem, die Armee, die Außenpolitik usw. usf. kritisieren. Immer galt die Kritik einem Einzelnen oder eine Gruppe, die vom rechten Weg abgewichen waren, aber niemals dem System. Die Karikatur war "Waffe im Klassenkampf".

Als in den sechziger Jahren die satirischen Zeitschriften in den baltischen Republiken etwas kühner wurden, rügte sie 1968 M. Wilenskij vom "Krokodil". Die Karikaturisten aus den baltischen Staaten seien zu humoristisch und zu philosophisch.[33] Falsch sei z.B. die Darstellung von Häftlingen hinter Gittern, wenn man nicht wisse, wofür sie eingesperrt worden seien. Falsch sei auch eine Karikatur, die zwei Schweine zeigt: Ein rotes Hausschwein, das aus dem Trog frißt und ein schwarzes Wildschwein, das durch einen Zaun zuschauen muß. Das Wildschwein sagt: "Ich bin ein freier Künstler. "Über die Maßregelungen des "Krokodil" in der Stalinzeit ist bereits berichtet worden.

Zu Beginn der achtziger Jahre hat M. Sysojew privat, denn an eine Veröffentlichung war nicht zu denken, Karikaturen gezeichnet, die unmißverständlich das Regime anprangerten. 1983 wurde er verhaftet und verschwand für mehrere Jahre hinter Stacheldraht Die Karikaturen der ersten Perestroika-Jahre waren durchweg von oben angeordnete Schlamperei, Trunksucht, Bürokratie. Etwa ab 1987 wagten sich einige Printmedien weiter vor.[34] Im vorhergehenden Kapitel ist mehrmals erwähnt worden. daß zur Gorbatschowzeit bereits einige Karikaturen gedruckt worden sind, die gegen die alten Tabus verstießen, obwohl die Zensur noch nicht aufgehoben worden war.
Das "Krokodil" (Nr.18/1987) druckte eine Karikatur, auf der ein Journalist sich mit einer Zange durch die "Verbotene Zone" der Zensur einen Weg ins Freie beißt.

1988 wurden in Moskau einige Karikaturen von Sysojew ausgestellt. Allerdings hatte man noch die weniger 11 gefährlichen" ausgewählt. Im "Krokodil" konnte man recht gut verfolgen, wie ein Thema nach dem anderen von Karikaturisten erstmals aufgespießt worden ist: Stalinismus (Nr.19/1988), Funktionärsprivilegien (Nr. 21 /1988), Afghanistan (Nr. 32/88), Rekrutenmißhandlung in der Armee (Nr.34/1988), Nationalitätenstreit (Nr.13/1989), KGB (Nr. 14/1989), Aids (Nr. 16/1989), Faschistische Tendenzen in der Jugend angesichts der Unfähigkeit des Komsomol (Nr.25/1989)[35]

Noch war jedoch der endgültige Durchbruch nicht erreicht.
Als 1988 ein Arbeiter, nicht etwa ein Berufskarikaturist, eine Plakatkarikatur von Gorbatschow zeichnete und aushängte, wurde er verhaftet. Anschließend schloß ihn die Gewerkschaft aus ihren Reihen aus. Im Frühjahr 1989 interessierten sich die "Moskowskie nowosti" (5.3.1989), welche Literatur der sowjetische Zoll nicht durchlasse. Der stellvertretende Leiter des Zolls, A. Chromzow, erklärte: "Wir gestatten die Einfuhr jeglicher Periodika mit Ausnahme jener Ausgaben, in denen Artikel veröffentlicht sind, die auf eine Untergrabung der sowjetischen staatlichen Ordnung zielen. Zum Beispiel können wir keine Zeitung über die Grenze lassen, die eine Karikatur über einen unserer Staatsmänner enthält."

1989 trat der schwarze Humor auch in den Printmedien seinen Siegeslauf an. Karikaturen über den schleichenden Verfall der Sowjetunion gab es seit 1990. Marx, Engels und Lenin wurden Opfer der Karikaturisten, Gorbatschow erst seit 1991. Nach dem Putsch im Jahre 1991 rechneten die Karikaturisten mit Marx, Lenin und der KPdSU bissig ab. Die Karikaturen in den nach wie vor kommunistischen Zeitungen waren natürlich völlig anders.

Die Jugendzeitung "Sobesednik" (Nr.41/1991) wählte für ihre Titelseite eine Karikatur über das Lenin-Mausoleum. Es entfernt sich unter Hinterlassung eines Raketenschweifs ins All. Allerdings war in der Ecke vermerkt: "Ich komme natürlich zurück..."

Seit 1990 wagten sich auch Verlage an die Themen der neuen Karikaturen. 1990 brachten W. Mochow und A, Rubzow einen Karikaturband heraus "Scherz beiseite! Es ist Zeit, ernsthaft zu lächeln."[36] Rubzow charakterisierte die damalige Situation so: "Den Karikaturisten gelingt die Perestroika in vielem leichter als das in anderen Bereichen des öffentlichen Bewußtseins geschieht. Viele zeichnen heute schon das, was andere nicht einmal laut zu sagen wagen. Alles, was in Wirklichkeit lächerlich war, aber Jahrzehnte für heilig gehalten wurde - viele Denkmäler, Titel, Auszeichnungen, verlogene Symbole, wird jetzt gezeichnet, der öffentlichen Verhöhnung preisgegeben. Bisweilen geschieht das wütend, so tödlich genau, daß es schon nicht mehr zum

Lachen ist..." Rubzow meint, man sollte solche Karikaturen als "sozial-bissige satirische Grafik" bezeichnen.

Ab 1991 häuften sich die Karikaturen über die Demontage von Denkmälern, die Wirtschaftsmisere, die Kriminalität usw. Nichts war den Karikaturisten mehr heilig, nicht einmal das Wappen der einstigen Sowjetunion.

Aus dem Jahre 1991 stammt eine doppeldeutige Karikatur von I. Smirnow. Eine demonstrierende Menschenmenge, angeführt von einem Fahnenträger, zerrt eine riesige Statue zum Abgrund. Die Statue hat in der rechten Hand eine Aktentasche und weist mit der linken Hand gebieterisch nach vorn. Die Doppeldeutigkeit liegt darin, daß wahrscheinlich die demonstrierende Menge noch vor der Statue in den Abgrund stürzen wird.[37]

Der schwarze Humor wurde im Laufe der Jahre immer schwärzer und nach dem Jelzinputsch des Jahres 1993 teilweise zu einer Mischung von Galgenhumor und absurdem Theater.

1995 veröffentlichte das "Krokodil" (Nr.2/1995) eine Karikatur, die Hahn und Henne bei der Betrachtung eines Eis zeigen. Der Hahn sagt: "In unserer Zeit Kinder! Mach mir lieber ein Omelette."

Ein Musterbeispiel für den allerschwärzesten Humor in Gestalt einer Karikatur brachte die "Iswestija" (7.10.1997).

Ein Killer steht in nächtlichem Dunkel neben der Leiche seines Opfers. Neben ihm steht ein Polizist, der ihn rügt: "Das gehört sich nicht, Bürger. Es ist zwei Uhr nachts und sie arbeiten ohne Schalldämpfer."

Man darf nicht übersehen, daß ein Großteil der Karikaturen seit dem Ende der Zensur alleine der Unterhaltung dient, Teilweise jedoch ist die Karikatur zu einem Bestandteil des schwarzen Humors geworden.[38]

Alte "russische Folklore" zur Jelzin-Zeit

Die Niederschlagung des Augustputsches 1991 hatte die Sowjetzeit beendet und gleichzeitig die Sowjetunion zu Grabe getragen. Der folgende Text beschränkt sich daher auf die "Folklore" Rußlands in Gestalt von Witzen, Anekdoten, Karikaturen. Nach dem Pressegesetz des Jahres 1990 hat eine Flut von Witzen und Anekdoten Rußland überschwemmt. Nun brauchten sie nicht mehr geflüstert zu werden. Seit 1993 erscheint in Moskau sogar eine Zeitschrift "Witze unserer Leser". Es würde viel Platz brauchen, um alle Bücher mit "russischer Folklore" und mit Witzen aus aller Welt aufzuzählen.[39] Der Witz hat die Sowjetzeit einigermaßen heil überlebt. Die meisten davon sind für unser Thema wenig interessant, sie sind eher Anleitung zur Zwerchfellgymnastik und dienen der Ablenkung vom trüben Alltag. Insofern stehen sie in der Tradition der Witze aus der Sowjetzeit, Beginnen wir mit dieser "alten russischen Folklore", bevor wir uns den neuen Themen zuwenden. Da wären z.B. die Witze über die Nationalitäten in der Zeit Jelzins.

Ein Georgier steht vor dem Richter. Er hat seine Frau vom Balkon des vierten Stocks geworfen. Der Richter fragt ihn, warum er das getan hat. Der Angeschuldigte antwortet: "Aus reiner Vergeßlichkeit. Wir haben bis vor kurzem im ersten Stock gewohnt."

Unerschöpflich scheint der Vorrat an Witzen über die Juden zu sein.

Ein Jude sucht einen Arbeitsplatz. Er fragt in einem Betrieb: "Arbeiten bei euch Juden?" - "Ja, sie arbeiten bei uns." Der Jude geht wieder und fragt in einem anderen Betrieb: "Arbeiten bei euch Juden?" - "Nein", erhält er zur Antwort. Der Jude bekommt einen Arbeitsplatz. Dort sitzt er einen Tag, noch einen, noch einen und rührt keinen Finger. Der Chef sieht das und fragt ihn: "Warum arbeiten Sie nicht?" Antwortet der Jude: "Als ich seinerzeit hier gefragt habe, ob hier Juden arbeiten, hat man mir gesagt: "Nein!".

In diesem Witz hat sich der in Rußland wiederbelebte Antisemitismus widergespiegelt. Der folgende ist eher mitleidig.

"Sag mal, Junge, wie heißt du denn?" – "Abraham Rabinowitsch". - "Mein Gott, so klein und schon ein Jude!"

Der folgende Witz ist sicherlich von einem Juden erfunden worden:

"Bürger, sind Sie ein Jude?" "Nein, ich habe nur ein intelligentes Gesicht!"

Auch die Witze über die Tschuktschen haben überlebt. Böse Zungen meinen, damit seien auch "die da oben" gemeint.

Ein Tschuktsche gähnt und jammert: "Was bin ich heute müde!" "Was hast du denn heute gemacht?" - "Ich habe nachgedacht." "Und warum jammerst du so?" - "Ich habe zweimal nachgedacht."

Unerschöpflich sind auch die Witze über die Produktion und die Versorgung der Bevölkerung, Die Perestroika hat daran nichts geändert.

Der Brigadier einer Baubrigade kommt zum Chef: "Als wir die Gerüste entfernt haben, ist das Haus zusammengefallen!" "Wie oft habe ich euch Idioten schon gesagt, solange nicht die Tapeten angeklebt sind, wird kein Gerüst abgerissen!"

Oder:

Eine finnische Firma baut in Moskau einen Supermarkt. Man möchte von ihr wissen, wieviel Personal dafür nötig ist. Die Finnen rechneten nach und kamen auf eintausend Personen. In Rußland glaubte man ihnen nicht, rechnete selber nach und kaum auf 1500. Um sicherzugehen, wandte man sich an die Japaner. Die meinten, zwei Personen würden genügen. Der eine sollte am Eingang stehen und sagen: "Hier gibt es nichts, was ihr bezahlen könnt!" Der zweite solle am Ausgang stehen und sagen: "Na, habt ihr euch davon überzeugt!?"

Oder:

Der Käufer wendet sich an die Verkäuferin: "Können Sie mir bitte, hundert Gramm Wurst einpacken?" - "Ja, natürlich. Geben Sie mir die Wurst", antwortet die Verkäuferin.

Und:

Ein Russe betritt eine Kneipe, legt 100 Rubel auf den Tresen. Der Wirt sagt ihm: "Von heute ab, kostet das Bier 200 Rubel, 100 sind für das Bier, 100 für die Reformen." - "Na gut", sagt der Durstige, "Reformen sind notwendig." Am nächsten Tag kommt er wieder und legt 200 Rubel auf den Tresen. Der Wirt gibt ihm 100 zurück; "Das Bier ist ausgegangen."

Wie man unter solchen Verhältnissen leben kann?

Sagen Sie bitte, kann man in Rußland vom Lohn leben?" - "Ich weiß es nicht, ich habe es noch nicht probiert."

Oder:

"Kann ein Hund einen Herzinfarkt bekommen?" - "Er kann, wenn er unter menschlichen Bedingungen leben muß."

Der folgende Witz zieht gleichsam die Schlußfolgerung:

Unser Land ist das reichste auf der ganzen Welt. 70 Jahre lang haben wir es beklaut und es ist nicht gelungen, alles zu klauen.

Der politische Akzent der folgenden Witze wurde bereits in der sowjetischen Zeit gesetzt.

Ein Student der Medizin kommt zum Examen. Man zeigt ihm zwei Skelette, ein männliches und ein weibliches: "Was ist das?" Der Student schweigt. "Was, das wissen Sie nicht! Was hat man Ihnen denn in sechs Jahren Studium beigebracht?" Der Student besinnt sich. "Dann sind das wohl Marx und Engels!"

Ein Witz zum gleichen Thema ist gleichsam spiegelverkehrt und gibt Auskunft über die politische Bildung des Normalbürgers.

Der Sergeant nimmt sich einen Soldaten vor: "Wie oft muß ich dir noch sagen, du Blödmann, daß Karl Marx und Friedrich Engels nicht Mann und Frau sind, sondern vier völlig verschiedene Menschen!"

Mit der Perestroika sind die "Tugenden" des alten Sowjetmenschen nicht verschwunden.

Im Restaurant sagt ein Gast zum I<ellner: "Ich hätte gerne das Gericht, daß dort beim Herrn am Nachbartisch steht." "Wird gemacht," flüstert der Kellner, "ich rufe den Herrn zum Telefon und dann können Sie sich bedienen."

Selbstverständlich haben auch die unendlich vielen Witze über den Ehemann überlebt, der nach Mause kommt und seine Frau mit einem Liebhaber im Bett vorfindet.

Fragt ein "neuer Russe" einen Kollegen: "Was war der glücklichste Augenblick in deinem Leben?" "Das war zweifellos der Augenblick, wo ich nach Hause gekommen bin und meine Frau mit einem hervorragenden Liebhaber im Bett vorgefunden habe." "Wieso 'ein hervorragender Liebhaber'?" - "Das war mein zuständiger Steuerprüfer. Seitdem habe ich keinerlei Probleme mehr mit der Steuer."

Witze über "die da oben"

W. Koydl hat in der "Süddeutschen Zeitung" (2.-4.6.1994) unter der Überschrift "Sendeschluß für Radio Erewan" die Meinung geäußert: "Der politische Witz gedeiht nur in einem Klima der Repression, der Diktatur. Das darf man nicht vergessen, wenn man bedauert, daß Radio Erewan im Rußland Boris Jelzins seine Sendungen eingestellt hat..." Stimmt dieses Urteil wirklich? Auch in westlichen Demokratien gibt es politische Witze. In Kabaretts, in Fernsehsendungen werden Staatsmänner und Politiker ständig durch den Kakao gezogen. Man braucht nur an die Fernsehsendung "Hurra, Deutschland" zu erinnern. Und nicht nur in Wahlkampfzeiten gibt es genügend Witze über Politiker. Koydls Meinung stimmt insofern, als in einer Demokratie kein Platz ist für "Flüsterwitze".

1997 äußerte sich der Co -Autor der beliebten Fernsehsendung "Puppen", V. Schenderowitsch: "Meiner Ansicht nach besteht bei uns kein Bedarf mehr an politischen Witzen, Heutzutage erleben wir alle guten und schlechten Seiten der Spitzenpolitiker live in den Abendnachrichten. Jeder Witz ist eine normale Reaktion auf ein Tabu, eine Art soziale Impfung mit Ironie gegen Pathos. Gebe Gott, daß politische Witze niemals mehr benötigt werden. Jetzt herrschen andere Zeiten, andere Helden sind aufgekommen, zum Beispiel die brillanten Witze über die Neureichen..."[40] Auch wenn das die Meinung eines Insiders aus Rußland ist, darf man fragen, ob sie in dieser Verallgemeinerung stimmt. Scharfsinnig hat die "Komsomolskaja prawda" (27.6,1992) festgestellt: "Es war nicht unbedacht, Menschen wegen des Erzählens von Anekdoten einzusperren. Denn wie sich herausstellte, enthüllten viele von ihnen Staatsgeheimnisse."

Es stimmt, daß man heute in Rußland für den Abdruck oder die Weiterverbreitung eines Witzes oder einer Anekdote nicht mehr ins Gefängnis kommt.

Medien berichten über Mißstände, korrupte Politiker, im Parlament schlagen sich die Abgeordneten verfeindeter Fraktionen die Beschuldigungen um die Ohren. An die Stelle er einstigen Gerüchte sind die "Kompromate" getreten, die unter Berufung auf dubiose Quelle irgendwelche "Staatsgeheimnisse" aufdecken. Im "Prinzip", um mit "Radio Jerewan" zu sprechen, gibt es in Rußland eine Demokratie und Meinungs- und Pressefreiheit. Aber eben nur "im Prinzip", denn eine Demokratie im westlichen

Sinn existiert bisher nicht in Rußland und die Vorgänge im Kreml sind oft noch von einem Geheimnisschleier umgeben. Und was zu den "Staatsgeheimnissen" gehört, das ist immer noch ein weites Feld, so z.B. wenn es um die Umweltverschmutzung geht.

"Unsere Ökologie" ist die Überschrift eines kurzen Textes aus dem Jahre 1996. Hier ist die gekürzte Fassung:
"Wir hatten entschieden, unser Trinkwasser überprüfen zu lassen und haben ein paar Liter zur Analyse nach England geschickt. Nach einem Monat kam die Antwort: 'In diesem Wasser ist das Baden verboten!' Dann haben wir Wasser aus einem Teich geschickt. Antwort aus England: 'Das ist gutes Benzin.' Daraufhin haben wir Benzin geschickt. Antwort aus England: 'Normaler Wodka'. Dann haben wir Wodka geschickt. Antwort aus England: 'Euer Gift vertreibt die Küchenschaben'. Dann haben wir es mit Butter versucht. Antwort aus England: 'Das ist ganz einfach Sch...' Verärgert haben wir ihnen richtige russische Sch... geschickt. Antwort aus England: 'Eignet sich vorzüglich zur Düngung.' Da es sich um das einzige Produkt gehandelt hat, das ökologisch rein und von höchster Qualität war, haben wir beschlossen, es zur allgemeinen Verwendung zu empfehlen...[41]

Schließlich darf man nicht übergehen, daß die Regierung ihre Hand auf den Fernsehsendern hält, die für die meisten Bürger die wichtigste Informationsquelle darstellen. Ohne das Fernsehen hätte Jelzin wohl kaum die Wahl gewonnen. Auch darf man nicht nur auf die Moskauer Printmedien schauen. Die Presse in der Provinz hat inzwischen in den Auflagezahlen die Presse Moskaus überholt, Und in der Provinz ist die Presse zumeist von den örtlichen Machthabern abhängig, die mißliebige Informationen abblocken. Schließlich und nicht zuletzt beweist die Anzahl von ermordeten Journalisten in Rußland, daß jene ihr Leben riskieren, die Politiker, Militärs, korrupte Geschäftsleute oder Mafiabosse bloßstellen.
Karikaturen über die Versuche von örtlichen Machthabern, dem Obersten Sowjet, ihren Einfluß auf die Massenmedien zu verstärken, hat es immer wieder gegeben, Witze darüber zu finden, ist allerdings schwierig.

Eine Karikatur im "Krokodil" (Nr.9/1998) zeigt zwei Papageien. Der eine sitzt in einem geräumigen Käfig, der andere ist in einem winzigen Käfig eingesperrt. Sagt der im großen Käfig zu dem im kleinen Käfig: "Du wirst nie begreifen, was Freiheit ist!"

Der Chefredakteur des Moskauer Lana-Verlages, der Hefte mit Witzen und Kreuzworträtseln herausbringt, T. Essadse, hat mit folgenden Worten die bisher geäußerten Meinungen über den politischen Witz in Rußland etwas korrigiert: Nährend der Sowjetzeit bedeuteten Witze, die eigene Einstellung zum allgemeinen Geschehen auszudrücken. Die Meinungsfreiheit hat die Angst des Volkes vor de r Obrigkeit und die Verachtung derselben kaum verändert."[42]

Klopft man diesen Satz etwas ab, so geht es beim politischen Witz nicht nur um die Politiker an der Spitze, die Partei, die Ideologie usw. sondern um die Einstellung zum allgemeinen Geschehen. Und in diesem Bereich gibt es -auch zur Jelzin-Zeit reichlich Stoff für schwarzen Humor. Das trifft auch zu, wenn es um die Angst und Verachtung gegenüber der Obrigkeit - denen "da oben" - geht. Kurz und gut: Es gibt nach wie vor politische Witze in Rußland.

Eine Karikatur im "Krokodil" (Nr. 9/1998) zeigt einen Tisch, um den mehrere Männer versammelt sind, die einem Redner lauschen. Und dieser spricht: "Leider ist das Volk nicht so dumm, wie man es sich wünscht..."

Beginnen wir mit den politischen Witzen bei denen ganz oben. Inzwischen gibt es über alle Politiker und Staatsmänner Witze und Karikaturen, natürlich auch über Jelzin.

Jelzin hat den Übergang zur Marktwirtschaft von 500 Tagen auf zwei Tage verkürzt! Wie das gehen soll? "Am ersten Tag erklären wir Schweden den Krieg und am zweiten kapitulieren wir bedingungslos."

Oder:

Der Sekretär Jelzins zeigt ihm die Ergebnisse der Wahl: Sjuganow hat 55 Prozent der Stimmen erhalten. Jelzin erbleicht. "Beruhigen Sie sich", sagt der Sekretär, "Sie haben 65 Prozent der Stimmen erhalten."

Vor ein paar Jahren begann der Moskauer Sender NTW damit, die Serie "Puppen" auszustrahlen. Die wichtigsten Politiker treten darin als Knautschfiguren auf, wie wir es aus "Hurra, Deutschland!" kennen. Es gab eine große Aufregung, es wurde mit einem Gerichtsverfahren gedroht, aber dann ließ man es doch bleiben. In einer dieser Sendungen tritt Jelzin unter den Namen "Boriska" auf. (Der Reim ist leider nicht übersetzbar.)

Jelzin steht vor dem Spiegel und unterhält sich mit seinem Spiegelbild: "Wenn ich Präsident werden würde dieses erstaunlichen Landes, wunder dich nicht, wunder dich über garnichts. Zwei mal zwei ist hier 38, der Kompaß zeigt nach Osten... Und willst du etwas Gutes, dann wird es tausendmal schlechter! Hier ist es gefährlich, ehrlich zu handeln. Die Leute können das nicht begreifen..." [43]

Im Wahlkampf, der zwischen Jelzin und Sjuganow ausgetragen wurde, hat der russische Komiker G. Chasanow einen uralten Witz aus der Zeit der Sowjetunion wieder ausgegraben.

Ein Bürger fragt einen anderen, wer denn den Kommunismus erfunden hätte, Wissenschaftler oder Bolschewisten. Die Antwort lautet: "Es sind die Bolschewisten gewesen, die Wissenschaftler hätten das Experiment erst an Hunden ausprobiert."

Ein Lieblingskind der Witzemacher ist V. Schirinowskij, der Führer der sogenannten "Liberal -Demokratischen Partei", die weder liberal noch demokratisch ist. Sein zeitweiliger Mitstreiter B. Fjodorow, hat seinerzeit sogar einen Wettbewerb für politische Witze ausgeschrieben, die unter dem Titel "Anekdoten aus der Sammlung Boris Fjodorows" per FAX verbreitet worden sind. Allerdings waren dies Witze alle gegen die politischen Gegner gerichtet. Die folgende Anekdote stammt von einem Gegner.

Auf der Straße stoßen zwei Psychopathen auf einander. Der eine schreit: "Ich bin Napoleon! "Der andere schreit: "Ich bin Schirinowskij!". Den ersten brachte man in eine Anstalt, den zweiten mußte man wieder laufenlassen, es war tatsächlich Schirinowskij.

Schirinowskij ist u.a. durch sein Benehmen auf der Straße und in der Duma aufgefallen. Als Abgeordneter war er jedoch immun. In der Fernsehreihe "Puppen" wurden ihm daher - unter dem Namen "Schirik" - folgende Worte in den Mund gelegt:

Wenn du durch das Mandat des Volkes in die Duma gekommen bist, dann sitz dort, solange du willst und fürchte nichts. Du kannst die Fensterscheiben im Speiseraum zerschlagen, bei Rot über die Kreuzung fahren, Häuser anzünden, den Nachbarn anspucken und selber Geld drucken. Und wenn böse Polizisten zu dir kommen, zeig ihnen deinen Abgeordnetenausweis. Sollen sie doch ab hauen und umkehren. Schmeiß ihnen eine Handgranate hinterher, daß sie fröhlicher abmarschieren.... [44]

Mit diesem Witz ist bereits angedeutet, was viele Bürger von ihren Abgeordneten halten.

"Wer sind Sie eigentlich?" - "Ich bin Abgeordneter!" "Schämen Sie sich, junger Mann, Sie sollten lieber arbeiten."

Oder:

Ein Mercedes will beim Weißen Haus parken. Ein Polizist macht den Fahrer darauf aufmerksam: "Hier können Sie nicht parken, hier sind rundherum die Abgeordneten." - "Macht nichts", sagt der Fahrer, "ich habe in meinem Wagen eine vorzügliche Diebstahlssicherung."

Und:

Fragt ein Abgeordneter in der Duma: "Was kostet eigentlich zur Zeit ein Abgeordneter?" - Rückfrage:"Einkauf oder Verkauf?"

Die Beurteilung der Arbeit des Parlamentes ist auch nicht gerade blendend.

Wie aus gut informierten Kreisen verlautet, hat Helmut Kohl bei seinem Freundschaftsbesuch in der Residenz des russischen Präsidenten sein goldenes Zigarrenetui verloren. Es trug die Gravur: "Meinem lieben Helmut vom geliebten Mütterchen." Man fand es und die Duma wurde eingeschaltet. Soll man den Fund zurückgeben oder zum nationalen Eigentum erklären wie andere Kunstwerke aus Deutschland? Die Kommunisten forderten, das Zigarrenetui zu enteignen zur Aufrechnung gegenüber der Vereinigung Deutschlands und der Ausdehnung_der NATO nach Osten. Schirinowskij schlug vor, den Fund zurückzugeben, aber gleichzeitig von Kohl eine erhebliche Fundgebühr in deutschen

Mark zu verlangen. Man konnte sich nicht einigen, die Entscheidung wurde vertagt.

Auch die Mitarbeiter des Präsidenten- und Regierungsapparates wurden ähnlich eingeschätzt.

Vom Dach ist ein Ziegel herabgefallen und hat einen Passanten verletzt. Alle sind entsetzt: "Da fallen schon die Ziegel vom Dach und man muß Angst haben, auf der Straße zu gehen." Einer der Neugierigen schaut sich den Verletzten an und sagt: "Ach, das ist einer aus dem Apparat!". Darauf jammern alle Neugierigen: "Wieviele Leute hat denn der ganze Apparat. Da kann nicht einmal ein Ziegel Platz finden, wenn er herunterfällt."

Oder:

Der Richter wendet sich an einen Zeugen: "Ich bitte Sie darum, für einen Augenblick zu vergessen, daß Sie im Staatlichen Komitee für Statistik arbeiten und dem Gericht nur die reine Wahrheit zu sagen."

Die Zuwendung Gorbatschows und Jelzins zum Westen brachte zwar humanitäre Hilfe, aber auch die Ablehnung durch die Gegner dieser Politik.

In Zusammenhang mit humanitären Hilfsmaßnahmen für Rußland berät man in den UN über das neue Wappen der GUS. Die USA schlagen vor: "Auf dem Wappen der GUS sollte ein Amor sein." - "Wieso das?" - "Er ist nackt, bewaffnet und bietet allen seine Liebe an."

Oder:

Beim Treffen der "Großen 7" wußten die Teilnehmer, daß im gleichen Augenblick, wo ein Amerikaner, ein Franzose und ein Deutscher sich unterhalten wollten, sofort ein Bürger der GUS dazukommt und um humanitäre Hilfe bittet.

Die nach wie vor kommunistischen Printmedien sehen dies allerdings anders.

Die "Prawda" (24.10.1992) zeigt eine Karikatur, die den Kreml an den Marionettenfäden Washingtons zeigt mit dem Text: "Das Weiße Haus in Washington hat den Kreml, die russische Regierung an der Leine."

Die Karikaturisten, nicht die Witzemacher, hatten vor dem Jelzinputsch im Jahre 1993 vor einem neuen Machtwechsel gewarnt.

Ein Bürger schaltet seinen Fernseher ein, dort sieht er den Sprecher, der auf dem Kopf steht. Der sagt: "Wie Sie wahrscheinlich schon erraten haben, ereignete sich in unserem Land der übliche Umsturz."

Eine Karikatur aus dem Jahre 1998, als Jelzins Thron ins Wackeln kam, zeigt den König (=Jelzin).

Der König sagt zu seinem Hofnarren: "Ich entlasse Dich unter einer Bedingung in die Duma: Du wirst dort sofort Anführer der Opposition!"

Für den einfachen Bürger sind jedoch nicht nur die Politiker "die da oben", sondern auch die Richter, die Polizei, der Zoll, die Steuerinspektoren.

Ein Verdächtiger wird befragt: "Haben Sie ein Alibi?" "Natürlich, wollen Sie es in Valuta?"

Nach einem Einbruch wird der zuständige Polizist vernommen.

"Wie ist Ihre Version von dem Einbruch?" - "Die Verbrecher haben die Tür aufgebrochen, die Alarmanlage hat funktioniert und sofort kam die Einsatzgruppe der Polizei... und alle zusammen haben das Geraubte geteilt."

Einen besonders schlechten Ruf hat die Straßenpolizei, die die Autofahrer abkassiert, auch wenn diese nicht gegen die Verkehrsregeln verstoßen haben.

Der Absolvent einer Militärakademie scheidet aus der Armee aus und geht zur Straßenpolizei. Drei Monate lang kassiert er eifrig ab, dann wird er zu seiner Dienststelle gerufen: "Sie haben seit drei Monaten Ihren Lohn nicht abgeholt!" "Was, Lohn gibt es außerdem noch!"

Oder:

Ein Polizist hält einen Autofahrer an und verhängt eine Geldstrafe. Der Fahrer protestiert: "Ich habe mich genau an die Straßenverkehrsordnung gehalten!" - "Meine Kinder können aber nicht warten, bis Du gegen die Verkehrsordnung verstößt."

Die "Iswestija" (31.12.1996) veröffentlichte folgende Anekdote:

Ein Steuerinspektor, ein Zollbeamter und ein Polizist gehen ins Restaurant. Nach dem Mittagessen erhält jeder seine Rechnung. Der Steuerinspektor schaut den Kellner an: "Sagen Sie, sind Sie davon überzeugt, daß Ihr Restaurant von dieser hier vermerkten Summe, sowie von den anderen Rechnungen die angeordneten Steuern zahlt?" Der Kellner: "Wir haben nicht beabsichtigt, von Ihnen Geld zu verlangen, das ist nur zu Ihrer Information, das Essen ist ein Geschenk des Lokals."

Der Polizist schaut den Kellner an: "Sagen Sie, Verehrter gehört der schwarze Mercedes, der vor dem Restaurant unter dem Zeichen 'Halten verboten' steht, Ihrem Chef?" Der Kellner: "Ich wollte gerade sagen, daß unser Essen für Sie eine Bewirtung von seiten unseres Chefs ist." Der Zollbeamte schaut auf die Rechnung: "Die Gesamtsumme verstehe ich, aber wo ist das Geld?"

Die Institutionen für die innere Sicherheit (Tscheka, GPU, NKWD, MWD, KGB usw.) mußten ihre Aufgaben im Laufe der Jahre ändern. So sieht die "Kurze Geschichte des Sicherheitsdienstes in Telefongesprächen" aus.

Ende der zwanziger Jahre: "Mein Nachbar hat einen Haufen Geld!" - "Wir kommen sofort."

Zur Zeit Stalins: "Mein Nachbar ißt Kaviar!" "Wir kommen sofort."

Zur Zeit Chruschtschows: "Mein Nachbar ißt Kaviar!" – "Na und" - "Aber mit goldenem Löffel!" - "Wir kommen sofort."

Zur Zeit Andropows: "Mein Nachbar ißt Kaviar!" - "Na und?" - "Mit goldenem Löffel!" - "Na und!" - "Aber während der Arbeitszeit!" - "Wir kommen sofort."

Zur Zeit Jelzins: "Mein Nachbar hat einen Haufen Geld!" - "Na und." - "Er hat es beim Staat gestohlen." - "Na und." - "Er zahlt dafür keine Steuern." - "Wir kommen sofort."

Die Institution, die anonyme Telefonanrufe registriert, trägt heute den Namen "Telefon des Vertrauens". Die meisten Anrufer berichten über ungeahnt hohe Einkünfte oder die Nichtabführung von Steuern, die man bei Nachbarn oder auch bei eignen Familienangehörigen vermutet oder festgestellt hat. Zu denen " da oben" muß man auch die Russisch -orthodoxe Kirche des Moskauer Patriarchates rechnen. Meinungsbefragungen haben gezeigt, daß sie unter allen Institutionen Rußlands (einschließlich Präsident, Duma, Streitkräfte) das höchste Vertrauen in der Bevölkerung hat. Auch läßt der Präsident keine Gelegenheit aus, ihr seine Reverenz zu erweisen; Gelder fließen ihr aus dem Staatssäckel zu. Selbst. der Kommunistenführer Sjuganow hat die besondere Bedeutung der Russisch-orthodoxen Kirche in hohen Tönen gelobt. Das neue Religionsgesetz vom Jahre 1997 hat zumindest indirekt dem Moskauer Patriarchat eine Vorrangstellung eingeräumt.

Macht man sich auf die Suche nach Witzen über das Patriarchat, so stellt man erstaunt fest, daß es kaum welche gibt. Der folgende Witz ist ja eher eine Verhöhnung der Situation im Lande.

"Was wird die nächste Bischofskonferenz der Russischorthodoxen Kirche behandeln?" - "Es wird um die Frage gehen, ob man die Apokalypse in nur einem Land verwirklichen kann."

In Zeitungen und Zeitschriften sind eine Reihe von Artikeln erschienen, die das Moskauer Patriarchat scharf kritisiert haben. Der Hauptvorwurf lautet, daß es sich darum bemüht, die Orthodoxie wieder zur Staatsreligion in Rußland zu machen.

Die wenigen Karikaturen zu diesem Thema wenden sich eher gegen die Regierung. Die Jugendzeitung "Sobesednik" (Nr. 28/1991) zeigte einen Vertreter der Kirche und einen Kommunisten in freundschaftlicher Umarmung. Die kommunistisch orientierte "Sowjetskaja Rossija" (27.6.1992) zeigte Jelzin vor einer Ikone kniend, während gleichzeitig der damalige Bürgermeister von Moskau, Popow, auf den Werken von Marx, Engels und Lenin stehend das Weihrauchfaß schwingt. Der folgende Witz aus dem Beginn der neunziger Jahre ist eine Ausnahme. Wahrscheinlich möchte keine Zeitung, kein Karikaturist den Verdacht erwecken, er stünde noch in der Tradition der sowjetischen antireligiösen Propaganda.

Der Patriarch bittet den Präsidenten: "Überlassen Sie uns die Gebeine Lenins. Wir werden sie kostenlos zeigen, wir haben seit jeher eine gute Erfahrung, wie man aus Oberresten Gewinn ziehen kann: Wir teilen dann." "Wir können Ihnen die Gebeine überlassen. Aber wie wollen Sie aus Lenin einen Heiligen ma-

chen, da er soviele Priester hat erschießen lassen?" - "Die Kirche ist es gewöhnt, Räubern zu verzeihen. Fürst Wladimir hat seinen Bruder erschlagen - und wurde der erste russische Heilige. Und was die Heiligkeit von Lenin anbetrifft, so hat er drei christliche Wohltaten: Er ist im Schlafwagen durch das Land gefahren, mit dem Rußland gekämpft hat; das heißt, er hat ihnen verziehen. Er hat Marx korrigiert. Er hat den Kommunismus nur in einem einzelnen Lande errichtet; das heißt, er hat Mitleid mit der übrigen Menschheit gehabt!

Unter der Überschrift "Die da oben" muß auch die Thematik "Juden" aufgegriffen werden. Die nationalistischen und national -sozialistischen Gruppierungen und Parteien in Rußland haben an den Antisemitismus der Zarenzeit und der Sowjetzeit angeknüpft. Sie behaupten, daß die Juden seit urdenklicher Zeit mit allen Mitteln nach der Weltherrschaft streben. Man kann in Rußland sowohl Hitlers "Mein Kampf", wie das üble Machwerk "Protokolle der Weisen von Zion" in russischer Sprache kaufen. In national -sozialistischen Zeitungen und Broschüren wird "nachgewiesen", daß die Juden (und die Freimaurer) immer schon um die Herrschaft über Rußland gekämpft hätten, daß die wichtigsten Politiker und Publizisten und Wirtschaftsbosse nach 1985 Juden gewesen seien oder sind (auch Gorbatschow und Jelzin werden mit aufgeführt). Aus unbegreiflichen Gründen haben die Gerichte kaum eingegriffen. In den Printmedien der Antisemiten erscheinen antijüdische Karikaturen, die sich nicht von jenen Produkten unterscheiden, die im nationalsozialistischen Deutschland erschienen sind. Man kann hier weniger von "schwarzem" als vielmehr von "braunem Humor" sprechen. Der folgende Witz, der vielleicht noch auf die Breschnewzeit zurückgeht, ist noch recht harmlos.

Im Krankenhaus gehen die Ärzte mit den jüdischen Neugeborenen liebevoller und sorgsamer um als mit Babys anderer Nationalitäten. Die anderen Mütter beschweren sich darüber. Daraufhin beruhigt sie der Oberarzt: "Das ist doch Produktion für den Export."

Der folgende Witz, der auch schon einmal zur Breschnewzeit erzählt wurde, hat überlebt.

Rabinowitsch darf nach Israel auswandern. Im Gepäck hat er ein Lenin -Porträt. Der Zöllner ist erstaunt und fragt: Und was ist damit?" - "Ja, erkennen Sie das denn nicht, ein Gemälde des genialen Lenin als Erinnerungsstück."

Rabinowitsch kommt in Tel Aviv an. Der Zöllner fragt ihn: "Und was ist damit?" Sagt Rabinowitsch: "Ja, sehen Sie das nicht, der Rahmen ist aus purem Gold."

Bösartiger ist folgender Witz.

Ein Versicherungsagent überredet Rabinowitsch, sein Gut gegen Diebstahl und Brand zu versichern. Als er Rabinowitsch den Vertrag zur Unterschrift vorlegt, macht er darauf aufmerksam, daß selbstverständlich bei selbstgelegtem Feuer nichts erstattet wird. Rabinowitsch ruft aus: "Sarah, ich wußte doch, daß das Geschäft einen Haken hat."

Die antisemitische Gruppe "Pamjat" wirft den Juden u.a. vor, sie hätten Rußland verkauft. Der folgende Witz könnte ein Gegenwitz von jüdischer Seite sein. -

Anruf bei der Vereinigung "Pamjat": "Man sagt, die Juden hätten Rußland stückweise verkauft." - "Ja, das stimmt", kommt die Antwort." - "Dann sagen Sie mir bitte, wo ich meinen Anteil als Jude erhalten kann."

Das Ende eines Tabus: Witze über die Streitkräfte

Das "Krokodil" (Nr.34/1988) veröffentlichte eine Karikatur, die einen von älteren Soldaten mißhandelten Rekruten zeigte. Die Schikanierung und Demütigung von Rekruten durch ältere Soldaten war in der Sowjetunion schon lange bekannt, doch durfte nicht erwähnt werden, Nach der Veröffentlichung der Karikatur über die "Dedowschtschina" entrüstete sich das sowjetische Verteidigungsministerium und erst ab 1990 tauchten Witze und Karikaturen über die Streitkräfte auf. Die sowjetischen Streitkräfte waren über Jahrzehnte hinweg durch ein Tabu geschützt gewesen. Die Sieger im "Großen Vaterländischen Krieg", der "Schutzschild der sozialistischen Welt " waren von einer Gloriole umgeben. Dümmliche Witzzeichnungen stellten die Streitkräfte als eine Schule der Nation dar, die aus "grünen Jungs" Männer machte, die danach Chancen bei den Frauen hatten. Selbst zur Zeit der Witze von "Radio Jerewan" muß man nach einem Witz über die Streitkräfte mühsam suchen.

Anfrage an Radio Jerewan: "Kann sich ein kluger Sowjetsoldat mit einem dummen unterhalten?" - Antwort: "Er kann, wenn er von West-Berlin aus anruft."

Im August 1990 wurde in einer Meinungsumfrage die Frage gestellt "Worin bestehen Ihrer Meinung nach die Mängel der Streitkräfte?" (Moskowskie nowost Nr. 36/1990). Neun Prozent antworteten mit "Niedriger Kampfbereitschaft", sechs Prozent mit "Die Armee ist eine Gefahr für die demokratischen Prozesse im Lande", 42 Prozent mit "Niedergang der Disziplin, Fehlen einer Ordnung in der Armee", 31 Prozent mit "Weite Verbreitung nicht vorschriftsmäßiger Beziehungen, krimineller Verbrechen", acht Prozent mit "Die Armee verdummt, verkrüppelt die Jugend sittlich". 1990 erschienen die ersten Karikaturen über das Verschwinden von Waffen, die von Soldaten und Offizieren verkauft worden waren. Der Glaube an die Friedenspolitik der Sowjetunion und ihres Instrumentes nahm ständig ab.

Gestern wurde an der Grenze zu China ein friedlicher sowjetischer Traktor beschossen. Der Traktor erhob sich in die Luft, feuerte drei Raketensalven ab und flog davon. Der Kolchosvorsitzende Generalmajor Iwanow warnte, falls sich das noch einmal wiederholen würde, dann würden die Säh - und Mähmaschinen drei oder vier chinesische Provinzen auslöschen.

Oder:

In einem sowjetischen U-Boot meldet der Navigationsoffizier dem Kommandanten: "Genosse Kapitän! Ich kann nicht mehr feststellen, wo wir uns befinden. Bald sind wir hier, bald dort. Der Kommandant schaut durch das Periskop und findet ein Handelsschiff, das in der Nähe vorüberzieht. Dann gibt er den Befehl: "Torpedo fertigmachen! Feuer!" Dem Navigationsoffizier befiehlt er: "Lauf und stellt fest, welche Koordinaten das Schiff bei seinem SOS-Ruf angibt und notiere sie. - Und daß mir das nicht noch einmal vorkommt."

Zwar wurde 1995 in Rußland die Siegesparade (50 Jahre nach dem Sieg 1945) feierlich begangen, wurde ein gewaltiges Kriegsmuseum eingeweiht, doch fiel das Ansehen der Streitkräfte. Die Anzahl der Desertionen nahm zu, Sold wurde über Monate hinweg nicht ausgezahlt, hohe Offiziere machten Schiebergeschäfte usw.

Kriegsveteranen in Moskau spazieren öfters über den Roten Platz. Anfang der neunziger Jahre würden sie öfters von halbwüchsigen Lümmel angepöbelt: "Wenn Ihr nicht so verrückt gekämpft hättet, dann könnten wir heute auf dem Roten Platz bayerisches Bier trinken."

Die Vorwürfe über mangelnde Fürsorge für die Soldaten, über Rekrutenmißhandlungen nahmen ständig zu.

"Woran kann man erkennen, daß jemand auf einem Atom-U-Boot gedient hat?" - "Das ist ganz einfach: Er leuchtet in der Dunkelheit."

Oder:

Eine Karikatur im Krokodil (Nr.2/1996) zeigt zwei Frauen beim Tee. Sagt die eine zur anderen: "Mein Sohn ist überhaupt nicht reif für die Armee. Wir haben ihn nie geschlagen..."

Glaubt man den Witzen über Vorgesetzte und Offiziere der russischen Streitkräfte, so wären die meisten geistig minderbemittelt.

Alle bis hinauf zum Oberleutnant müssen in der Lage sein, selbständig zu arbeiten. Der Hauptmann muß in der Lage sein, die Arbeit zu organisieren. Der Major muß wissen, wo etwas vor sich geht. Der Oberstleutnant muß in der Lage

sein, eine Meldung darüber zu machen, was wo getan wird. Der Oberst muß in der Lage sein, den Platz auf dem Papier zu finden, wo er unterschreiben soll. Der General muß selbständig an dem Platz unterschreiben können, der ihm gezeigt wird.

Oder:

Ein General geht zum Augenarzt. Der Arzt weist zuerst auf die kleinen Buchstaben hin. Der General schüttelt den Kopf. Auch bei den mittelgroßen Buchstaben schüttelt er den Kopf. Und als der Arzt im schließlich auch die ganz großen Buchstaben zeigt, schüttelt er wieder den Kopf. "Sehen Sie die Buchstaben denn wirklich nicht?" fragt der Arzt. "Doch, ich sehe sie schon, aber ich habe vergessen, wie sie heißen."

Und:

Ein Oberst muß sich einer Gehirn-Operation unterziehen. Der Chirurg öffnet den Schädel, nimmt das Gehirn heraus. Da stürzt eine Ordonnanz in den Operationssaal: "Genosse Oberst, Sie sind gerade zum Generalmajor ernannt worden!" Der Beförderte springt auf, haut sich seine Mütze auf den Schädel und läuft zum Ausgang. Der Chirurg schreit ihm hinterher: "Und was ist mit dem Gehirn?" - "Das brauch ich jetzt nicht mehr."

Der Krieg in Tschetschenien schwächte das Ansehen der Streitkräfte. Zum einen gab man Generälen die Mitschuld, zum anderen versagten die russischen Streitkräfte kläglich. Aus dem Nachlaß des Dichters R. Roschdestwenskij stammt folgendes Gedicht (Iswestija 18.2.1995):

Nach qualvollen Kämpfen
und verhängnisvollen Siegen,
der völligen Zerstörung von Städten
blieben nur zwei Generäle lebendig übrig.
Zwei Feinde, zwei furchtlose Adler.
Im hellen Schein
ihrer herrlichen grauen Haare
setzten sie sich zu Tisch
am Ufer eines Baches.
"Ich schätze dich!"...

**sagte der eine.
Und der andere:
"Ich dich auch..."
Und der Erste sprach:
"Was soll ich's verschweigen,
ich liebe es, mich im Krieg zu erholen.
Weißt du, seit Kindheit
gefällt mir das Kriegsführen!"
Und der Zweite erwiderte:
"Mir auch."**

Vielleicht hat dieses Gedicht den Karikaturisten A. Merinow zu einer Schreckkarikatur inspiriert.

Man sieht ein Schlachtfeld übersät mit Toten. Von einem Hügel aus verfolgt ein höherer Offizier das Geschehen durch einen Feldstecher. Er sagt: "Hauptsache ist nicht der Sieg, sondern die Teilnahme " [45]

Aber auch die niederen Dienstgrade kommen nicht gut weg.

Der Fähnrich erklärt den Rekruten die Erdanziehung: "Wenn ich einen Stein in die Luft werfe, dann fällt er zur Erde zurück, das heißt, die Erdanziehung wirkt auf ihn ein." Fragt ein Rekrut: "Und was ist, wenn er ins Wasser fällt?" - "Das geht uns nichts an, das ist ein Problem der Marine."

Oder:

Der Fähnrich befiehlt zwei Soldaten, ein Zimmer weiß anzustreichen. Nach Erledigung der Arbeit melden sie ihm den Vollzug. Der Fähnrich fragt: "Und was ist das?" "Aber das ist doch ihr Schatten." - "Ganz egal, wird auch weiß angestrichen."

Aber auch das Ansehen der Soldaten ist nicht groß, seitdem sie sich sogar um die Nahrungsmittel kümmern müssen.

Sagt ein Mütterchen auf dem Dorf zu ihrer Nachbarin: "Guck mal, da haben sie meine ganzen Sträucher zertrampelt." "Wahrscheinlich waren das Soldaten." - "Aber nein, das sind Fußspuren von Menschen."

Zeitweise hatte sich die Versorgung der Streitkräfte so verschlimmert, daß Soldaten verhungert sind oder unterernährt ins Lazarett eingeliefert werden mußten.

Die Stationsschwester kommt ins Zimmer der unterernährten Soldaten. Auf dem Fensterbrett liegt ein Pyjama. Sie legt ihn ins Bett. Als sie das Zimmer wieder betritt, liegt der Pyjama wieder auf dem Fensterbrett. Wieder legt sie ihn aufs Bett. Beim drittenmal wirft sie verärgert den Pyjama aus dem Fenster. Da sagt einer der anderen Patienten: "Schade um Wasja. Er hat so gern aus dem Fenster geschaut."

SOWOKS - Neue Russen - Russische Mafia

Die Bezeichnung SOWOK stammt aus den Jahren nach 1985. Sie hat eine doppelte Bedeutung. Einmal kann man darunter die Abkürzung für "Sowjetmensch" verstehen, gleichzeitig jedoch ist "sowok" eine Kehrschaufel, - anders ausgedrückt eine Ansammlung von Abfall. Die Revolutionäre träumten davon, daß im Sozialismus ein neuer Mensch entstehen würde. Majakowskij reimte 1916: "Und er, der Freie, nach dem ich schreie, der Mensch - er kommt! Ich bürge dafür!" L. Trotzki phantasierte 1924: "Der Mensch wird unvergleichlich stärker, klüger, feiner werden... der menschliche Durchschnitt wird sich bis zum Niveau eines Aristoteles, Goethe, Marx erheben.

"Der Schöpfer des Begriffs "Homo sovieticus" ist wahrscheinlich der Mitstreiter Lenins G. Sinowjew gewesen, von 1919 bis 1927 Leiter der Kommunistischen Internationale. 1930 nahm sich Majakowskij das Leben, Sinowjew wurde in der stalinschen Säuberung umgebracht, Trotzki auf Befehl Stalins in Mexiko ermordet. In der Zwischenzeit war tatsächlich ein "Sowjetmensch" entstanden. In der Propaganda, auf Plakaten, in den Werken des sozialistischen Realismus waren das überzeugte Kommunisten/ Kommunistinnen, die selbstlos für den Aufbau des Sozialismus arbeiteten, moralisch hochstehend, intelligent, mutig und fröhlich angesichts der prophezeiten lichten Zukunft.

Kindergarten, Schule, Hochschule, Armee, Gewerkschaften usw. waren eingeschaltet in diesen Erziehungsprozeß. Tatsächlich kam jedoch in der Stalinzeit ein ganz anderer "Sowjetmensch" zur Welt. Wer in der Verfolgungszeit überleben wollte, mußte entweder lügen oder seinen Nachbarn, seine Ehefrau denunzieren. Wer seine Familie vor dem Verhungern retten wollte, mußte stehlen - fast alles war ja Staatseigentum - und betrügen. Diejenigen, die das jahrzehntelang praktizierten oder praktizieren mußten, verloren jeglichen Maßstab für Recht, Wahrhaftigkeit, Ehrlichkeit.

Ein Gewissen zu haben, ist gar nicht schlimm. Nur muß man lernen, damit fertig zu werden.

Diese Feststellung stammt zwar aus der nachsowjetischen Zeit, charakterisiert jedoch die Situation treffend, - ähnlich wie folgender Witz:

Fragt einer den andern: "Wie kommst du über die Runden?" Antwort: "Ich halte mich an die Dialektik und lebe nach dem Prinzip: Wenn etwas verboten ist und ich möchte es gern tun, dann kann ich es tun."

Mit dieser Erblast begann Gorbatschow seine Perestroika, mit Bürgern, die lügen und betrügen, unterschlagen und stehlen als berechtigte Verteidigung gegen die Obrigkeit verstanden. Seit Chruschtschow hatten sie außerdem erlebt, wie sich eine raffgierige Nomenklatura die Taschen vollstopfte, Damals tauchte die Feststellung auf:

Unsere Sowjetmenschen zerfallen in zwei Gruppen. Die einen glauben an den Marxismus-Leninismus, aber sie praktizieren ihn nicht. Die anderen praktizieren ihn, aber sie glauben nicht daran.

Der russische Schriftsteller D. Granin schrieb (Süddeutsche Zeitung. 22/23.5.1993): "Die Sowjetunion ist zerfallen, aber der Sowjetmensch ist uns erhalten geblieben. Und darauf beruht die ganze Kompliziertheit der Perestroika." Und so kam der "Sowjetmensch" zu seinem neuen Namen SOWOK.

Ein Grund für die Einstellung der Religionsverfolgung war, daß die Gläubigen noch Vorstellungen von Recht und Wahrheit hatte. 1991 wurde der damalige Ministerpräsident Rußlands I. Silajew, gefragt, ob Rußland die Hilfe Gottes brauche (Sobesednik Nr.29/1991). Der Atheist antwortete, die Hilfe Gottes brauche man nicht, aber die Hilfe der Kirchen, die noch über sittliche Wertvorstellungen verfügten.

Die Russisch- orthodoxe Kirche konnte zeitweise einen "religiösen Boom" verzeichnen, es wurde Mode, die Kinder oder sich selber taufen zu lassen. Ein irgendwie meßbares Ansteigen der Moral konnte jedoch nicht festgestellt werden. Viele, die sich taufen ließen, kannten nicht einmal das Glaubensbekenntnis. Und die Bereitschaft zur Reue war gering. Das Moskauer Patriarchat entließ nicht einmal seine engen Mitarbeiter des KGB.

Eine Karikatur im "Krokodil" (Nr.17/1989) zeigt im Hintergrund die Kreuzigung Jesu. Im Vordergrund steht Judas mit den 30 Silberlingen. Auf die Frage einer Journalistin antwortet er: "Ich denke nicht daran zu bereuen. Die Zeiten waren eben nicht so..."

Oder:

Eine Karikatur im "Sobesednik" (Nr. 19/1991) zeigt einen Schreibtischarbeiter der dabei ist, das Marx -Bild abzuhängen und durch ein Christus -Bild zu ersetzen.

Selbst der Tod scheint so manchen nicht zur Umkehr zu bewegen.

Ein Alt -Kommunist liegt im Sterben. Er läßt einen Priester rufen und erklärt: "Vor meinem Tod möchte ich in die Christlich -Demokratische Partei eintreten... "Der Priester kümmert sich darum, der Sterbende erhält einen Parteiausweis der Christlich -Demokratischen Partei. Der Sterbende bedankt sich: "Ich sterbe. Und es ist besser, ein Christdemokrat stirbt und nicht ein richtiger Kommunist."

Oder:

Im Kommunal -Quartier, in dem mehrere Familien zusammenleben, liegt ein alter Mann im Sterben. Die Nachbarn, mit denen er lange zusammengelebt hat, versammeln sich am Sterbebett. Der Sterbende öffnet die Augen und sagt:

"Marija lwanna! Erinnerst Du Dich noch daran, daß dein Sohn eingesperrt worden ist, weil er irgendetwas gestohlen hatte. Ich habe ihn damals angezeigt." - "Laß es gut sein, Alter, in der Sterbestunde sei Dir verziehen." - Der Sterbende wendet sich an Jelisaweta Moisejewa: "Deinen Mann haben Sie im Jahre 1937 wegen eines Witzes eingesperrt. Ich hatte ihn angezeigt." - "Laß es gut sein, das ist soviele Jahre her." Der Sterbende äußert einen letzten Wunsch: "Wenn ich gestorben bin, dann steckt mir eine Gurke in den Hintern."

Die Umstehenden sind völlig verwirrt, aber die letzte Bitte eines Sterbenden soll man erfüllen. Die Gurke wird an den gewünschten Platz gebracht. Da klingelt es an der Tür. Es ist die Miliz:" Wir haben vor einer Stunde einen anonymen Anruf bekommen, daß hier Leichenschändung betrieben wird."

Die alten Laster sind geblieben: Sauferei, Grobheit, Betrug, Diebstahl usw..

Das Kollektiv eines Restaurants verleiht dem Kellner Iwan Mordoboi den Ehrentitel "Höflichster Kellner." Der Direktor sagt in seiner feierlichen Rede: "Ich kann mich nicht daran erinnern, daß Iwan auch nur ein einziges Mal einen Gast geschlagen hat."

Oder:

Ein Verkehrspolizist hält einen Wagen an: "Sie sind nicht nüchtern, blasen Sie ins Röhrchen!" Der Fahrer bläst, das Röhrchen verfärbt sich. Der Polizist will kassieren, da protestiert der Fahrer: "Das Ding ist kaputt, lassen Sie meine Frau blasen." Die Frau bläst, das Röhrchen verfärbt sich. Der Fahrer protestiert: "Ich habe ja gesagt, daß das Ding kaputt ist. Lassen Sie den Säugling blasen." Der Säugling bläst, das Röhrchen verfärbt sich wieder. Der Polizist entschuldigt sich und läßt den Wagen weiterfahren. Sagt der Fahrer zu seiner Frau: "Und Du schimpfst immer, wenn ich dem Kleinen Wodka gebe."

Und:

Es treffen sich zwei Freunde. Fragt der eine: "Brauchst Du einen LKW mit Wodka?" - "Das braucht man immer. Was soll es kosten?" - "20 000 Rubel." - Danach trennten sie sich, der eine ging auf die Suche, wo er einen LKW mit Wodka stehlen könnte, der andere, wo er 20 000 Rubel stehlen könnte.

Und:

"Ich habe Angst vor der Arbeitslosigkeit!" - "Wie das? Du tust doch sowieso nichts." - "Das stimmt schon, aber wenn ich arbeitslos werde, hören sie auf zu zahlen."

In der russischen Sprache klingt die Bezeichnung "Neureiche" und "Neue Russen" ganz ähnlich. Gemeint sind damit jene, die auf unbekannte Weise nach 1985 reich und steinreich geworden sind. Allgemein wird die Auffassung vertreten, daß keiner auf ehrliche Weise reich geworden ist, daß die "Neuen Russen" ungebildet, herzlos, verlogen - kurzum, daß sie SOWOKS auf höherer Ebene sind. Witze und Karikaturen über die "Neuen Russen" gibt es in Hülle und Fülle.[46] Fangen wir mit dem Vorwurf der mangelnden Bildung an.

Eine neue Russin sieht, wie ein neues Denkmal aufgestellt wird: "Für wen soll das Denkmal sein?" - "Für Dostojewski." "Ach so, für den, der 'Krieg und Frieden' geschrieben hat." "Nein, 'Krieg und Frieden' ist von Tolstoi." - "Komisch", meint die Dame, "Tolstoi hat 'Krieg und Frieden' geschrieben, aber das Denkmal kriegt irgendein Dostojewski."

Oder:

Zwei neue Russen treffen sich. Fragt der eine: "Wo seid ihr gestern Abend gewesen?" - "Ich war mit meiner Frau im Theater Othello." - "Und wie war es?" - "Der Regisseur hat versagt. Die Desdemona hat sich so gewehrt, daß erst drei Zuschauer auf die Bühne mußten, um Othello zu helfen."

Mit der Religiosität ist es auch nicht weit her.

Ein neuer Russe betet in der Kirche vor einer Ikone:

"Herr, schick mir einen neuen 'Mercedes'!" Plötzlich hört er, wie neben ihm ein altes Mütterchen betet "Herr, mit meiner Pension kann ich nicht leben, schick mir doch etwas mehr." Der neue Russe dreht sich zu ihr: "Hier hast du 100 000 Rubel, aber hör auf, Gott mit Deinen Kleinigkeiten zu belästigen."

Oder:

Ein neuer Russe findet in einem Antiquariat ein großes goldenes Halskreuz. Das war unter seinesgleichen in Mode gekommen. "Also, das nehme ich, aber den Gymnastiker darauf, den machen Sie mir bitte weg."

Und:

Es ist Osterzeit, unter den Gläubigen vor der Kirche ist ein neuer Russe. Plötzlich schreit er laut: "Ein Wunder, ein Wunder! Ich kann wieder gehen." Um ihn sammeln sich andere Gläubige: "Wie ist das Wunder geschehen?" "Mir ist gerade mein Mercedes gestohlen worden."

Mit der Ehrlichkeit ist es bei den neuen Russen so eine Sache.

Der neue Russe fragt einen Bewerber., der eingestellt werden möchte: "Bevor ich Sie einstelle, möchte ich wissen, ob Sie Neigung zur Lüge, zum Diebstahl, zur Unterschlagung haben?" Der Bewerber antwortet: "Wenn das die Voraussetzungen sind, dann kann ich es ja erlernen."

Oder:

Der Sohn eines neuen Russen fragt den Vater: "Papa, ich habe einen Geldbeutel mit zehn Dollar gefunden." - "Bring ihn zur Polizei. Ehrlichkeit ist auch ein Kapitel." "Und wenn ich einen Geldbeutel mit 1000 Dollar finden würde?" "Dann solltest Du ihn nicht unbedingt zur Polizei bringen. 1000 Dollar sind mehr Kapital als die Ehrlichkeit."

Und:

Ein neuer Russe ruft seine Sekretärin. "Dieser Brief muß noch einmal geschrieben werden. Sie haben da diesen Betrüger und Banditen mit 'Mein lieber Freund' angeredet." - "Und wie soll ich ihn anreden?" - " Sehr geehrter Herr Kollege!".

Alles dreht sich bei den neuen Russen ums Geld.

Kommt ein neuer Russe zum Zahnarzt. Der untersucht ihn und sagt: "Was soll ich da behandeln? Sie haben überall Plomben aus Gold, Platin und sogar ein paar Brillanten." - "Sie sollen mir im Mund eine Einbruchssicherung einbauen."

Oder:

Ein neuer Russe hat den Wunderfrosch gefangen. Der rät ihm: "Küß mich, dann verwandele ich mich in eine Schönheit und kann Dir alle Wünsche erfüllen." - Der neue Russe winkt ab: "Ich werde Dich nicht küssen. Was meinst Du, was man mit einem Frosch verdienen kann, der spricht."

Und:

Ein neuer Russe kommt vom Arzt. "Was hat er gesagt?" wird er gefragt. "Er hat mir verboten zu rauchen, zu trinken, Süßes zu essen, außerdem soll ich mich von den Frauen fernhalten." - "Und da machst Du so ein fröhliches Gesicht!" "Ich habe ihm ganz einfach 100 Dollar gegeben, da hat er mir alles wieder erlaubt."

Auch die Familienbeziehungen haben bei den neuen Russen ihre eigenen Formen.

Kommt ein neuer Russe in die Entbindungsklinik. Strahlend teilt ihm die Hebamme mit:" Sie haben einen Jungen. Drei achthundert." Der neue Russe holt seine Brieftasche heraus und zählt:"Eins, zwei, drei und noch achthundert."

Oder:

Ein junger Mann kommt zu einem neuen Russen, dessen Tochter er heiraten möchte. Der neue Russe sagt zu ihm: "Junger Mann, ich habe Erkundigungen über Sie eingeholt und muß Ihnen sagen..." Der Bewerber unterbricht ihn: "Ich habe ebenfalls Erkundigungen über Ihre Vergangenheit eingeholt." Darauf der neue Russe: "Reden wir von etwas anderem. Sie wollen also meine Tochter heiraten...."

Und:

Der neue Russe beklagt sich bei seiner Frau: "Du hast meinen Anzug nicht gebügelt." - "Doch ich habe ihn gebügelt!" - "Das ist nicht wahr. Gestern waren in der rechten Tasche 100 Dollar und die sind noch da."

Natürlich brauchen die Neureichen auch Erholung:

Ein neuer Russe kommt in ein Reisebüro. Er wünscht etwas Ausgefallenes, was er noch nicht gesehen hat. Nichts gefällt ihm, weder die Bahamas, noch die Alpen, überall war er schon. Schließlich schlägt ihm der Verkäufer vor: "Wie wäre es mit einem Ausflug in die Sahara?" - "Und was gibt es dort zu erleben?" "Sie können mit einem Jeep herumfahren, können schießen..." - "Aber das ist doch wie in meinem Alltag."

Damit sind wir beim Thema "Mafia" angelangt. Natürlich hat es in der Sowjetunion Verbrecher und Banden gegeben. Aber erst mit der verunglückten Privatisierung wurde daraus eine Pest, die sich im ganzen Land ausgebreitet hat. Tausende von organisierten Verbrechergruppen erpressen, überfallen, morden, haben Geschäfte und Betriebe in ihrer Hand. Und häufig stößt man unter ihnen auch auf die neuen Russen. Der folgende Witz stammt noch aus der Zeit von Radio Jerewan,- deutet jedoch schon trefflich in die Zukunft:

Frage an Radio Jerewan: "Im Warenhaus gibt es zur Zeit Uhren und Revolver. Aber man kriegt nur eins von beiden. Was soll ich nehmen?" - "Den Revolver. Dann können Sie sich auch die Uhr besorgen."

Aus dem Alltag:

Die Ehefrau fragt ihren Mann: "Du gehst heute mit einem Schalldämpfer zur Arbeit?"' - "Ja, ich habe im Lesesaal zu tun."

Oder:

Ein junger Mann stürzt in einen Juwelierladen, zieht die Pistole: "Schnell ein Ring mit Edelsteinen!" Die erschreckte Verkäuferin bringt ihm einen Brilliantring. Der junge Mann schaut sich den Ring an und meckert:"Das ist doch ein Brilliantring. Gib mir was Billigeres, sonst glaubt meine Braut mir nicht, daß ich ihn gekauft habe."

Und:

"Die Villa ist wirklich schön", sagt der Kaufinteressierte. "Aber ist es hier auch einigermaßen ruhig?" - "Aber, ja. In diesem Jahr wurden hier fünf Wohnungen ausgeraubt, drei Passanten ermordet und niemand hat etwas gehört."

Die Familienbeziehungen haben in diesen Kreisen auch einige Besonderheiten.

Kommt ein Mann in einen Waffenladen und will einen Revolver kaufen. "Wofür brauchen Sie denn die Waffe?" fragt der Verkäufer. "Für meine Schwiegermutter." - "Dann schlage ich Ihnen vor, morgen noch einmal zu kommen. In Ihrer jetzigen Verfassung könnten Sie danebenschießen."

Oder:

Der Sohn eines neuen Russen von der Mafia kommt zur Musikschule. Als er seinen Geigenkasten öffnet, liegt darin eine Kalaschnikow, er amüsiert sich darüber: "Was wird wohl mein Vater sagen, wenn er zur Bank geht und dort eine Geige im Kasten findet."

Und:

Ein neuer Russe geht zum Rechtsanwalt, er will sich von seiner Frau scheiden lassen. Der Rechtsanwalt sagt ihm: "Das kostet Sie etwa 1000 Dollar." - "Was" schreit der Mann auf, "so viel. Da kostet ein Killer ja nur die Hälfte."

Mit diesen Witzen sind wir bereits im Bereich des ganz schwarzen Humors, des Galgenhumors gelangt.

Die "fröhliche Schwarzmalerei"

Natürlich gab es offiziell in der Sowjetzeit keinen Galgenhumor. Man schritt ja - behütet und geleitet von der Partei - in eine lichte Zukunft. Die Flüsterwitze waren schwarz, aber nur ganz selten tauchten Flüsterwitze auf, die überhaupt keinen Hoffnungsschimmer mehr ahnen ließen. Als sich die Lebensverhältnisse im Laufe der Perestroika verschlechterten, tauchten seit 1989, verstärkt seit 1993 die ganz schwarzen Witze auf.

Henker gingen in zahlreichen Karikaturen ihrer Arbeit nach. Ärzte hatten keine Ahnung mehr, wie sie den Kranken helfen sollten.

Die "Finansowie Iswestija "(Nr.22/1993) läßt in einer Karikatur einen Blick in einen Operationssaal werfen. Vier Ärzte stehen um den Operationstisch. Einer schwingt ein Messer und sagt: "Wir haben sowieso nichts, um gesund zu machen.

Oder:

Sanitäter befördern einen Kranken auf der Bahre. Er erwacht aus seiner Ohnmacht: "Wohin fahren Sie mich "In die Leichenhalle." - "Aber ich lebe doch noch!" "Wir sind ja auch noch nicht dort angekommen."

Und:

Nachts auf dem Friedhof. Ein Skelett kommt aus dem Grab und klappert die Allee entlang. Plötzlich erblickt es ein zweites Skelett: "Aus welchem Jahrhundert bist Du denn?" "Aus dem 18., ich bin im Duell ums Leben gekommen." Sie gehen weiter und treffen auf ein drittes Skelett. "Wo kommst Du denn her?" - "Aus dem 20. Jahrhundert, ich bin in der Säuberung erschossen worden." Und wieder ein Stückchen weiter treffen sie ein viertes Skelett. "Und aus welchem Jahrhundert bist Du?" - "Ihr seid wohl blöd. Ich komme von der Arbeit, von der dritten Schicht. Wir haben schon zwei Jahre lang keinen Lohn mehr bekommen."

Natürlich lieferte auch die Kriminalität genügend Stoff für tiefschwarze Witze.

Zwei Killer hatten den Auftrag, einen neuen Russen umzubringen. Er hatte die Geschäfte eines Kollegen gestört. Um sechs Uhr sollte das Opfer am Eingang eines Restaurants erscheinen. Die Killer warteten vergebens bis halb neun. Sagt der eine zum andern: "Ich hoffe, es ist ihm nichts zugestoßen."

Oder:

"Halt, stehenbleiben, her mit dem Geld und den Wertsachen!" - "Ich bin nur beim Spaziergang, ich habe keine Kopeke bei mir." "Was zum Teufel treibst Du Dich dann in der Dunkelheit herum?!"

Und:

Vor Gericht steht ein Mörder, der eine alte Frau umgebracht hat. Der Richter fragt ihn: "Warum habe Sie die alte Frau umgebracht? Sie hatte grademal 20 Kopeken in der Tasche." Der Mörder: "Na und. Bei fünf alten Frauen ergibt sich daraus ein Rubel."

Dazu gibt es auch noch eine Variante:

Vor Gericht steht ein Räuber. Der Richter fragt ihn: "Warum haben Sie Ihr Opfer verprügelt, nachdem Sie es ausgeraubt hatten?" - "Er hatte nichts bei sich."

Versucht man, das Kapitel abzuschließen, so bietet sich eine Karikatur aus der "Iswestija" (13.9.1998) an:

Ein Mann steht vor seinem Kalender. Auf dem steht: Schwarzer Montag, Schwarzer Dienstag, Schwarzer Mittwoch, Schwarzer Donnerstag, Schwarzer Freitag, Schwarzer Sonnabend, Schwarzer Sonntag.

In dem bereits erwähnten Karikaturband "Scherz beiseite" aus dem Jahre 1990 hieß es u.a.: "Das Recht auf eine fröhliche und klare 'Schwarzmalerei' ist eine der wichtigsten Errungenschaften der Demokratie. Wir überlassen es späteren Generationen, wolkenlose Landschaft zu malen. Allerdings sollen sie das nur nach der Natur machen."

Die derzeitige Schwarzmalerei in Rußland ist überhaupt nicht fröhlich und von einer Demokratie ist Rußland noch weit entfernt.

Quellenhinweise

1. E. Sevela. Männergespräche in einer russischen Sauna. München, Wien 1980. S.126
2. R. Wiener. Gefährliches Lachen, Schwarzer Humor im Dritten Reich. Hamburg 1994. S.58.
3. V. Paderin. Obščestvennoe mnenie Kasan 1980. S. 124.
4. E. Wickert. China von innen gesehen, Stuttgart 1982. S.381.
5. H. Schewe. Die Schnurren des Nikita Chruschtschow. Frankfurt /M. 1965 S.49.
6. M. Slonim. Die Sowjetliteratur. Stuttgart 1972. S.108 f.
7. R. Fülöp -Miller, Geist und Gesicht des Bolschewismus. Zürich, Leipzig, Wien 1928. S.437 f.
8. Moskovskie novosti Nr. 17/1994.
9. Ogonjok Nr. 9/1997, S.62.
10. Sputnik Nr. 1/1998. S.51.
11. Soschtschenkos Erzählungen sind bei uns mehrfach veröffentlicht worden. Leider fehlen jedoch die Angaben, wann welche Erzählung gedruckt worden ist. Man kann also die Anpassung Soschtschenkos an Hand der deutschen Ausgaben nicht verfolgen. Die Partisanenerzählung findet man in: M. Zoščenko. Rasskazy, fel'etony, komedii. Moskau, Leningrad 1963.
12. In deutscher Sprache in: M. Soschtschenko. Der Flieder blüht. München 1959. S.122
13. Pravda 21.8.1946.
14. Die sowjetische Presse in Dokumenten. Leipzig 1963. S. 113; S.119
15 Rol' sredstv massovoj informacii i propagandy v nravstvennom vospitanii. Moskau 1979. S. 207.
16. H. Smith. Die Russen. Bern. München 1976. S. 364.
17. L. Vladimirov. Rossija bez prikras i umolčanij. Frankfurt/M. 1969.
18. Žurnalist Nr. 4/1998. S.57.
19. A. Jakowlew. Offener Schluß. Ein Reformer zieht Bilanz. Leipzig, Weimar 1992 S.22.
20. I. Raskin. Enciklopedija chuliganstvujuščego ortodoksa. St. Petersburg, Haifa 1995. S. 461 ff.

21. Slovar' tjuremno lagerno blatnogo žargona. Moskau 1992. S.483 ff.
22. W. Kasack (Hrg.) Ogonjok. Die besten Erzählungen aus der russischen Perestroika -Zeitschrift. München, Zürich 1990. S.7. (Die Texte sind aus dem Jahr 1988)
23. Hierzu: E. Pohl (Hrg.) Müssen wir jetzt immer machen, was wir wollen. Satirische Geschichten aus dem Rußland der Perestroika. Bern, München, Wien 1989.
24. V. Chrul'. In: Vestnik Mosk. Universiteta, Žurnalistika Nr. 2/1993. S.18ff.
25. siehe z.B. die Plakatmappe: Is Stalin with us? "Stalin s nami?" Moskau 1991. Die Anti –Stalinplakate sind aus den vorhergehenden Jahren.
26. S. Adamov. Gorbačovs Kinder. Ein Selbstporträt der Sowjetjugend. Frankfurt/M. 1990. S.41
27. Hierzu: M. Albee (Hrg). Die neue Freiheit. Leserbriefe an die Zeitschrift "Ogonjok" 1987- 1990. München 1990. - R. McKay (Hrg.) Briefe aus der Sowjetunion. Leserzuschriften an "Argumenty i Fakty". München 1991.
28. Siehe: 26, S. 21.
29. J. Borew. Staliniaden. Wien, Leipzig 1992.
30. Weitere Sammlungen von J. Borev: Fariseja. Posle stalinskaja predanijach i anekdotach. Moskau 1992. - Kratkij kurs istorii XX. veka. Moskau 1995.
31. Novye knigi Nr. 11/1990.
32. Vestnik Mosk. Universiteta. Žurnalistika Nr. 2/1992. S.87 ff.
33. Žurnalist Nr. 11/1968. S.11.
34. Siehe hierzu: W. Schlott. Das gebremste Gelächter des "Krokodil" In: M. Mommsen (Hrg.) Gorbatschows Revolution von oben. Frankfurt/M., Berlin 1987. S.52 ff.
35. Siehe hierzu: G. Etscheit. Die Karikatur im Zeichen von Glasnost. Dargestellt am Beispiel des "Krokodil". In: Osteuropa Nr. 3/1991
36. Šutki v storonu? Ili vremja ulybnut`sja vser'ez. Moskau 1990.
37. I. Smirnov. Mastera sovetskoj karikatury. Moskau 1991.
38. Siehe zum gesamten Thema: P. Roth. Die Karikatur in spät sowjetischer und nachsowjetischer Zeit (1985 - 1995). Bundesinstitut, Köln. Sonderveröffentlichung April 1996.
39. u.a. L. Barskij. Čelovek! Eto zvučit gor'ko. Moskau 1991. -Antologlja mirovogo anekdota. Kiew, Moskau 1995, -Slovar' russkich anekdotov, Nischnij Nowgorod 1997.

40. Sputnik Nr. 12/1997. S. 46.
41. M. Rozovskij In:Novoe vremja Nr. 17/1996. S. 48.
42. "Lachen auf Russisch" (nach dpa). In: Süddeutsche Zeitung 23/24.11. 1996
43. V. Šenderovič. Kukly. Moskau 1996. S. 136.
44. Siehe: 43, S. 129.
45. In: Art obstrel 5. Moskau 1995/96.

ibidem-Verlag
Melchiorstr. 15
D-70439 Stuttgart

info@ibidem-verlag.de

www.ibidem-verlag.de
www.edition-noema.de
www.autorenbetreuung.de

FSC
www.fsc.org
MIX
Papier | Fördert gute Waldnutzung
FSC® C083411

Zeitfracht Medien GmbH
Ferdinand-Jühlke-Straße 7
99095 Erfurt, Deutschland
produktsicherheit@kolibri360.de